Attirer les
OISEAUX
AUX MANGEOIRES

Jean Paquin

ÉDITIONS
MICHEL
QUINTIN

Catalogage avant publication de Bibliothèque et Archives nationales du Québec et Bibliothèque et Archives Canada

Paquin, Jean 1958-

    Attirer les oiseaux aux mangeoires

    Éd. rev. et augm.

    (Guides nature Quintin)
    Publ. antérieurement sous le titre : Les oiseaux aux mangeoires. c2002.
    Comprend des réf. bibliogr.

    ISBN 978-2-89435-343-1

    1. Mangeoires d'oiseaux - Québec (Province). 2. Mangeoires d'oiseaux - Provinces maritimes. 3. Oiseaux, Attraction des - Québec (Province). 4. Oiseaux, Attraction des - Provinces maritimes. 5. Oiseaux - Alimentation - Québec (Province). 6. Oiseaux - Alimentation - Provinces maritimes. I. Titre. II. Titre : Les oiseaux aux mangeoires. III. Collection.

QL676.57.C3P36 2007   598.072'34714   C2007-940899-0

Édition : Johanne Ménard
Révision linguistique : Serge Gagné, Frèdelin Leroux et Monique Proulx
Conception graphique : Standish Communications et Céline Forget
Infographie : Standish Communications, Céline Forget et Domino Design
              Communications

  Patrimoine Canadian
canadien   Heritage

Gouvernement du Québec – Programme de crédit d'impôt pour l'édition de livres – Gestion SODEC

Les Éditions Michel Quintin bénéficient du soutien financier de la SODEC et du gouvernement du Canada par l'entremise du Programme d'aide au développement de l'industrie de l'édition (PADIÉ) pour leurs activités d'édition.

ISBN 978-2-89435-343-1

Dépôt légal – Bibliothèque et Archives du Québec, 2007
              Bibliothèque et Archives du Canada, 2007

C.P. 340
Waterloo (Québec)
Canada J0E 2N0
Tél. : 450-539-3774
Téléc. : 450-539-4905
www.editionsmichelquintin.ca

07-WK-1
Imprimé en Chine

À Paul et Pierre,
par amitié et pour tout le plaisir d'observer
les oiseaux ensemble.

Remerciements

Je désire remercier les personnes suivantes qui, par leur soutien ou leurs commentaires, ont généreusement collaboré à la préparation de cet ouvrage :

Pierre Bergeron, Céline Forget, Michel Gosselin, Daniel Jauvin, France Lacouture, Ghislaine Lamoureux, Nicole Landry, Jeanne Lehoux, Johanne Ménard, Maude Ménard-Dunn, Paul Messier, Michel Quintin, Marie-Claude Rouleau et Pierre Verville.

Mes plus sincères remerciements s'adressent également aux nombreuses autres personnes grâce auxquelles la publication de ce volume a été rendue possible.

Crédits photographiques

Légende : (h) = en haut, (c) = au centre, (b) = en bas, (g) = à gauche, (d) = à droite, (m) = en médaillon

Daniel Auger : 49, 67, 68, 69, 73, 81, 86, 99, 116, 130, 138, 158, 180, 184 (m), 190, 200 (2 photos), 204 (m)

Robert Côté : 52 (d), 62, 124 (2 photos), 132 (2 photos), 160

André Cyr : 65, 97

Normand David : 192

Daniel Dupont : 15 (m1, m2, m3), 20, 34, 38, 58, 96, 98, 100, 101, 103, 105, 112 (2 photos), 126 (2 photos), 142, 144, 154, 156, 164, 170, 172, 174, 184, 186, 196, 202, 204, 206 (2 photos), 208 (2 photos), 210, 212, 214, 223 (m1, m2, m3, m4), 228, couv. avant : photo principale, m1, m2, m3, dos

Denis Faucher : 32, 94, 110, 122, 140, 152, 166 (2 photos), 188 (2 photos), 216 (m), 220 (2 photos)

Jeanne Lehoux : 10, 11, 14, 16, 18, 19, 22, 23 (2 photos), 24, 25, 26, 28, 30, 31 (h), 33, 36 (h), 42, 44, 50 (d), 51 (d), 52 (g), 55 (g), 61, 63, 64, 71, 75, 87, 88, 89, 90, 91 (b), 107, 109 (m1, m3, m4), 114, 120 (m), 128 (m), 130 (m), 134, 136, 148, 150, 168, 176, 178 (2 photos), 182, 186 (m), 190 (m), 194, 196 (m), 198 (2 photos), 202 (m), 218 (2 photos), 226, 230, 234, 237

Robert Morin : 21, 48, 51 (g), 54, 77, 162

Claude Nadeau : 15 (m4), 102, 120, 146, couv. avant : m4, couv. arrière

Jean Paquin : 36 (b), 37, 106

Michel Quintin : 5, 7, 9, 12, 17, 27, 29, 31 (b), 35, 39, 40, 41, 45, 46, 47, 50 (g), 53 (2 photos), 55 (d), 59, 60, 66, 70, 72, 74, 76, 79, 80, 82, 83, 84, 85 (2 photos), 91 (h), 92, 93, 104, 109 (m2), 118, 128, 216, 232

Alan Standish : Photos de graines et autres aliments

Table des matières

Préface

Il y a une quinzaine d'années déjà, avec des amis nous passions nos week-ends d'hiver dans un chalet en Estrie. N'étant pas des plus sportifs, nos séjours étaient remplis de plaisirs épicuriens et de contemplations. Profitant de ces séjours à la campagne, nous avions installé nos premières mangeoires.

Surprise ! Nous étions aux premières loges : des Gros-bec errants se bousculant, des Sizerins flammés par dizaines et des Tarins des pins se nourrissaient tout près de nous, juste de l'autre côté de la porte patio ! Nous étions si près d'ailleurs, qu'un jour nous avons été témoins de l'enlèvement d'un sizerin par un Autour des palombes. Un Pic mineur, qui avait échappé au prédateur, en est resté prostré pendant des heures.

J'étais très étonné de voir ces oiseaux si colorés. Moi qui croyais comme tant d'autres que l'hiver il n'y avait que des « moineaux » qui restaient chez nous !

À l'époque je m'étais procuré un guide d'identification des oiseaux d'Amérique du Nord. Un livre fort intéressant, certes, mais un peu déroutant pour le débutant que j'étais. C'est pourquoi je me réjouis aujourd'hui de la publication de ce guide d'identification des oiseaux de mangeoires, puisqu'il permettra aux nouveaux observateurs de se familiariser peu à peu avec la gente ailée.

Au fil de vos observations, et à l'aide de ce précieux guide, je vous souhaite autant d'heures de bonheur que celles que j'ai vécues en observant les oiseaux près de chez moi. Ouvrez l'œil (et le bon), et que le spectacle de la nature commence !

Pierre Verville

Pic mineur ♂

Introduction

UNE ACTIVITÉ FASCINANTE

Quelle joie de découvrir les premiers oiseaux à sa mangeoire ! D'observer ces visiteurs qui semblent apprécier la nourriture offerte tout près de la maison.

Depuis son installation, la nouvelle mangeoire a été l'objet de bien des attentions. Pendant quelques jours, on a jeté par la fenêtre de multiples coups d'œil dans l'espoir de voir arriver des oiseaux dans le jardin. Et voilà que les premiers volatiles se pointent le bout du... bec ! Dans plusieurs cas, il s'agit de Mésanges à tête noire qui ont découvert cette source de nourriture soudainement disponible sur leur territoire. Et quand il y a des mésanges, d'autres oiseaux suivent souvent. Bientôt, on observe aussi un Geai bleu. Tiens, voilà des Roselins familiers du voisinage qui se sont donné rendez-vous à la mangeoire. À moins qu'il s'agisse d'une bande de Sizerins flammés, ces petits oiseaux venus de l'Arctique passer l'hiver dans le sud du pays, et qui décident de profiter de cette nourriture apparemment inépuisable. Bref, en peu de temps, la mangeoire est fréquentée par une grande diversité d'oiseaux.

Souvent les gens sont surpris de constater à quel point il est facile d'attirer des oiseaux chez soi. Bien vite, on se prend au jeu. On ajoute de

Gros-bec errants

nouvelles mangeoires pour accueillir plus d'oiseaux, dont l'observation occupe de plus en plus de place dans la vie quotidienne. On multiplie les heures passées à la fenêtre. On profite de la présence de tous ces petits visiteurs dont on ne soupçonnait même pas l'existence.

Cette facilité avec laquelle on peut attirer les oiseaux près de chez soi a d'ailleurs grandement contribué à l'essor de la popularité de l'ornithologie au cours des dernières années. L'installation de mangeoires permet de s'initier à cet univers fascinant et de constater à quel point la diversité est grande chez les oiseaux. Ceux et celles qui se livrent à cette activité s'initient de la sorte à un loisir qui deviendra vite une passion.

On raffine constamment la façon de nourrir et d'attirer les oiseaux, allant même souvent jusqu'à réaménager tout le terrain en fonction de ces petits visiteurs. Une bonne façon d'embellir les abords de sa maison et de son quartier, qui profite aussi aux oiseaux du voisinage.

L'ouvrage que nous vous présentons vous permettra de découvrir comment profiter de la présence des oiseaux dans votre jardin en toutes saisons. Le guide se divise en deux grandes sections, la première expliquant en détail comment s'y prendre pour attirer les oiseaux chez soi, la seconde décrivant espèce par espèce les oiseaux qui fréquentent les mangeoires et leurs préférences.

COMMENT ATTIRER LES OISEAUX CHEZ SOI

Dans la première partie du guide, on abordera tout d'abord le thème de la diversité au fil des saisons. On y apprendra comment on peut nourrir les oiseaux toute l'année près de

Cardinal rouge ♂

Mésange à tête noire

chez soi, contrairement à l'idée généralement acceptée à une certaine époque selon laquelle l'installation des mangeoires devrait se limiter à la période hivernale. Ainsi, on expliquera comment adapter le poste d'alimentation aux exigences des visiteurs, qui varient tout au long de l'année, et comment en profiter le plus possible, les oiseaux agrémentant de plus en plus l'environnement au fil des mois, pour le plus grand plaisir des amateurs.

Dans un deuxième temps, on s'intéressera aux différents modèles de mangeoires. Quels sont les principaux types de mangeoires et lesquelles choisir pour satisfaire aux exigences particulières de chaque

espèce d'oiseaux s'y présentant ? Bref, comment s'assurer que son poste d'alimentation est en mesure d'accueillir de multiples visiteurs ?

Une fois les mangeoires installées, il faut les garnir de nourriture. L'amateur trouvera ici la description des différents « mets » qui plaisent aux petits convives ailés fréquentant les postes d'alimentation. L'ouvrage présente d'abord un menu de base qui satisfait aux exigences de nombreuses espèces, et traite ensuite d'une multitude d'aliments qui permettent de varier le menu. On parlera non seulement des préférences alimentaires des oiseaux, mais aussi de la meilleure façon de leur offrir ce qu'ils aiment.

Roselins pourprés

Suivent ensuite diverses observations concernant la vie quotidienne aux mangeoires, notamment la manière de réagir en cas de grande affluence ou encore l'attitude à adopter envers les écureuils qui voudront aussi tirer avantage de la nourriture offerte. On traitera également des oiseaux de proie qui profitent des rassemblements d'oiseaux aux mangeoires pour chasser, tout comme le font les chats du voisinage.

Comme l'environnement dans lequel se trouve le poste d'alimentation aura aussi une grande influence sur sa fréquentation, on expliquera finalement comment aménager le tout efficacement pour répondre aux besoins des oiseaux. En effet, ceux-ci ne recherchent souvent pas seulement de la nourriture, mais également un

abri. En plus de parler des conditions d'installation des mangeoires, on présentera donc aussi quelques arbres, arbustes et plantes grimpantes qui leur fourniront de la nourriture et un abri, tout en créant un environnement agréable. La meilleure façon d'attirer les oiseaux frugivores consiste par exemple à planter des arbres et des arbustes qui produisent des fruits, ce sont des oiseaux qui viennent très rarement aux mangeoires.

AUX MANGEOIRES ESPÈCE PAR ESPÈCE

Dans la deuxième partie du guide, on présentera plus en détail les différentes espèces qui fréquentent régulièrement les mangeoires au Québec et dans les Maritimes. Il s'agit d'un album de famille dans lequel on décrira les caractéristiques de près d'une soixantaine d'espèces. Celles-ci ont été choisies en fonction des données sur la répartition des oiseaux tirées du guide *Oiseaux du Québec et des Maritimes*, des informations sur la répartition des espèces aux mangeoires selon les données recueillies par le projet de dénombrement *FeederWatch*, ainsi que sur les renseignements parus dans la *Liste commentée des oiseaux du Québec*.

L'identification des oiseaux

Les espèces choisies sont classées par famille et portent les noms français utilisés dans l'ouvrage *Noms français des oiseaux du monde*, publié en 1993 par la Commission internationale des noms français des oiseaux. Les noms anglais et scientifiques sont ceux que préconise l'*American Ornithologists' Union* (AOU) dans la *Checklist of North American Birds* (7ᵉ édition). La taille indiquée représente les dimensions extrêmes de l'oiseau adulte, mesurées sur des spécimens étendus sur le dos, du bout du bec à l'extrémité de la queue. Les tailles sont tirées de la dernière édition de l'ouvrage de W. Earl Godfrey, *Les Oiseaux du Canada*.

Chaque espèce est illustrée par une photo qui permet de se familiariser avec les principales caractéristiques servant à l'identification. Une seconde photo précise au besoin une différence de plumage chez la femelle, l'immature, ou encore en hiver.

La rubrique «identification» met l'accent sur les caractéristiques qui distinguent cette espèce plutôt que de proposer une description systématique du plumage, ce qui permettra entre autres à l'amateur de différencier plus facilement les espèces d'une même famille. La voix peut également constituer un critère très utile pour identifier plusieurs des oiseaux qui égaient les abords de nos habitations.

Outre une brève description de l'habitat fréquenté par l'espèce, on indique ensuite sa répartition géographique, illustrée à l'aide d'une carte. On peut ainsi connaître les régions fréquentées par un oiseau au fil des saisons. Où niche-t-il? Où migre-t-il? Où passe-t-il l'hiver?

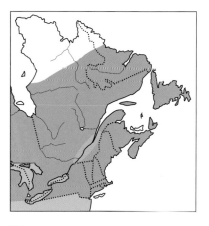

aire de nidification

aire d'hivernage

présence à l'année

Aux mangeoires

Toutes les données relatives aux mangeoires sont ensuite regroupées afin d'en faciliter la consultation. Le tout s'ouvre sur une description de la présence et de l'abondance de l'espèce aux mangeoires. Celle-ci est-elle présente toute l'année? Ou

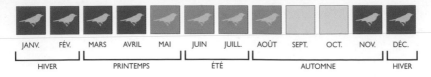

JANV.	FÉV.	MARS	AVRIL	MAI	JUIN	JUILL.	AOÛT	SEPT.	OCT.	NOV.	DÉC.

| HIVER | PRINTEMPS | ÉTÉ | AUTOMNE | HIVER |

 Présence régulière

 Présence irrégulière

Absence

encore seulement lors de la migration ? Son abondance varie-t-elle au fil des saisons ? Au fil des ans ? Observe-t-on des déplacements qui se produisent de façon plus ou moins cyclique ?

Après avoir précisé les mangeoires préférées de l'espèce, on s'intéressera particulièrement à son alimentation, d'abord en milieu naturel, puis aux mangeoires. Dans ce dernier cas, on présentera d'abord les aliments préférés de l'oiseau, puis les ajouts possibles au menu.

On notera également certains comportements observés près des mangeoires, que ce soit une façon particulière de se nourrir, des interactions avec les autres oiseaux présents, ou tout autre comportement qui permet de comprendre un peu plus ce qui se déroule sous nos yeux.

Un graphique permet enfin au lecteur d'avoir un aperçu rapide de la présence de l'espèce selon les mois de l'année. À noter qu'il s'agit bien ici de données concernant la **présence relative** et non l'**abondance** de l'espèce aux mangeoires. Précisons également que le calendrier saisonnier, respectant une tradition établie en ornithologie dans nos régions, est axé sur les activités dominantes des oiseaux (migration, nidification, hivernage), plutôt que sur la définition usuelle des saisons.

L'ouvrage se termine par une série d'annexes qui sauront apporter à l'amateur curieux un complément d'information concernant plusieurs aspects intéressants.

Tourterelles tristes

Comment attirer

les oiseaux chez soi

Oriole de Baltimore ♂

Nourrir les oiseaux
au fil des saisons

Longtemps, on a présenté l'installation de mangeoires comme une activité strictement hivernale. On se demandait à quel moment les installer pour attirer les oiseaux sans trop s'ingérer dans leur cycle naturel, et à quel moment les enlever. En leur offrant ainsi de la nourriture pendant la saison froide, on voulait surtout les aider à survivre aux rigueurs de l'hiver. Une affirmation qu'il faut toutefois grandement nuancer. Il n'y a qu'à penser à la diversité des espèces qui fréquentent les mangeoires pour s'apercevoir que toutes ont des besoins différents et qu'on ne peut généraliser quant à l'aspect bénéfique pour leur survie de nourrir les oiseaux en hiver.

Petit à petit, on a étendu cette activité à d'autres saisons. On a commencé par installer les mangeoires relativement tôt en automne, afin de profiter du passage d'espèces migratrices, et à les enlever assez tard au printemps pour revoir les oiseaux au retour de leur long périple. Ensuite, on a conservé les mangeoires durant toute la saison estivale. À l'abreuvoir à colibris, installé à la mi-mai, on a ajouté une mangeoire avec du chardon pour les

Chardonnerets jaunes, un silo avec du tournesol noir, ainsi qu'un petit présentoir à fruits avec des quartiers d'orange pour les orioles.

Bref, au fil des ans, l'installation de mangeoires est devenue une manière privilégiée d'observer les oiseaux. En les attirant chez soi, on peut voir une foule de comportements qui varient selon les saisons ainsi qu'une multitude d'espèces : certains oiseaux fréquentent les mangeoires durant toute l'année, d'autres viennent uniquement en hiver et d'autres encore ne font que des visites ponctuelles. L'observation des oiseaux permet ainsi de suivre de près le rythme des saisons et d'apprécier tous ces changements qui marquent le temps et le paysage.

Gros-bec errant ♂

L'automne :
une saison fébrile

Du mouvement chez les oiseaux

Plusieurs considèrent l'automne — et plus précisément le début de cette saison — comme le moment idéal pour installer des mangeoires. On profite ainsi de l'activité fébrile qui règne pendant cette période de transition. À ce moment-là, la nidification est terminée depuis déjà quelques semaines, certains oiseaux sont partis pour des régions plus chaudes, tandis que d'autres se préparent à passer l'hiver ici et se rassemblent en petites bandes, comme c'est le cas pour les Mésanges à tête noire qui s'étaient faites un peu plus discrètes au cours de l'été. À l'automne, les mésanges se regroupent et établissent un territoire d'hivernage sur lequel elles comptent pour subsister au cours de la saison froide. Explorant ce territoire, elles repèrent toutes les sources de nourriture, dont les mangeoires.

Elles les découvrent donc tôt en saison et prennent dès lors l'habitude de s'y rendre.

De plus, on assiste en automne aux grands déplacements de certains oiseaux qui sont en route vers des régions plus douces pour y passer l'hiver. Parmi les nombreux migrateurs susceptibles de s'arrêter aux mangeoires, les juncos et plusieurs espèces de bruants profitent de la nourriture ainsi offerte pour faire le plein d'énergie au cours de leur périple. Le moment est donc idéal pour offrir du millet blanc à ces oiseaux, ce qui les attirera aux mangeoires. Les « oiseaux noirs » (carouges, quiscales et vachers) profitent eux aussi des mangeoires, quelques-uns s'y attardant quelques semaines alors que d'autres finissent par hiverner.

Bruant à gorge blanche

Merle d'Amérique

Il y a également tous ces visiteurs qui arrivent du nord pour passer l'hiver dans le sud du pays. Au cours de l'automne, on assiste notamment à l'arrivée des Bruants hudsoniens et, plus tard, à celle des Sizerins flammés dont les effectifs varient d'une année à l'autre. Même si souvent, comme c'est le cas avec les sizerins, ces oiseaux se nourriront ailleurs qu'aux mangeoires à leur arrivée, ils finiront bien par profiter, eux aussi, de cette nourriture facilement disponible.

De nouveaux atours

Enfin, il faut bien parler de tous ces petits visiteurs qui ont l'apparence de nouveaux venus, mais qui sont des convives familiers ayant simplement changé de plumage. Qu'on songe au Chardonneret jaune qui, l'automne venu, renonce à ses couleurs éclatantes, à tel point que l'on croit souvent qu'il s'agit d'une nouvelle espèce venant tout juste d'arriver aux mangeoires.

Quelques travaux pratiques

Bref, l'automne amène beaucoup de mouvement chez les oiseaux et le moment est bien choisi pour s'affairer autour du poste d'alimentation. Les amateurs en profitent pour installer de nouvelles mangeoires afin d'accueillir plus de visiteurs. Ils peuvent également effectuer certains changements, notamment enlever l'abreuvoir à colibris et le remplacer, lorsque la température descend, par un bloc de suif à l'intention des oiseaux qui élisent domicile dans le froid de l'hiver. Il s'agit aussi de la période idéale pour réparer les mangeoires endommagées, pour en acheter de nouvelles ainsi que pour faire l'entretien et le ménage de tout ce matériel.

Récolter des fruits

On profite avantageusement de l'automne pour récolter des fruits, que ce soit ceux du sorbier ou d'autres arbres ou arbustes, que l'on congèle ensuite pour les offrir aux oiseaux durant l'hiver. Qui sait, sans doute pourra-t-on assister au spectacle d'un jaseur ou d'un merle qui dégustera ces mets de choix...

«À quel moment dois-je enlever les abreuvoirs à colibris pour éviter de retenir ces petits oiseaux qui migrent vers le sud à l'automne?»

Voilà une question que plusieurs se posent, croyant, à tort, qu'en continuant à nourrir les colibris vers le début de septembre, on risque de les inciter à ne pas migrer et à demeurer dans nos régions.

En fait, la vie des oiseaux est particulièrement influencée par la longueur du jour. C'est donc en très grande partie la réduction des heures d'ensoleillement à la fin de l'été et en automne qui déclenche le mécanisme poussant les oiseaux à entreprendre leurs grands déplacements.

Dans un tel contexte, il est préférable de laisser les abreuvoirs en place et d'offrir de la nourriture aux colibris. Ces minuscules voyageurs ont besoin d'emmagasiner de généreuses réserves pour accomplir leur long périple qui les conduira de nos régions jusqu'au Mexique et en Amérique centrale. Tout un voyage pour un si petit oiseau.

Colibri à gorge rubis ♂

Jaseurs boréaux

L'hiver :
des visiteurs assidus

Une nourriture plus rare

Les semaines passent, les jours sont de plus en plus courts, et la température ne cesse de descendre. Puis la neige se met à tomber, recouvrant graduellement la nourriture disponible. Dans ces conditions, l'hiver constitue certes une saison éprouvante pour les oiseaux, pas tant à cause du froid qu'à cause de la rareté de la nourriture, cachée sous la neige et parfois sous le verglas. Tout cela au moment même où le froid augmente les besoins énergétiques des oiseaux et où la courte durée du jour réduit le temps dont ils disposent pour s'alimenter et se faire des réserves afin d'affronter les longues nuits de l'hiver. Sans compter les tempêtes souvent violentes, qui ne contribuent en rien à améliorer la situation ! Et puis, comment se nourrir en hiver lorsqu'on mange presque exclusivement des insectes ? Pas facile, à moins de changer de régime alimentaire, ce que font certains oiseaux, ou encore d'aller s'installer dans des contrées plus chaudes où abondent les insectes, ce que font plusieurs autres.

Les oiseaux profitent donc de la nourriture offerte aux mangeoires et se concentrent aux endroits où elle est disponible. De cette façon, ils consacrent moins de temps à chercher de quoi se nourrir et dépensent moins d'énergie dans cette quête quotidienne de nourriture, puisqu'ils en trouvent abondamment dans un endroit précis. Cela leur évite de nombreux déplacements, sans pour autant abandonner les sources naturelles d'alimentation disséminées sur leurs territoires d'hivernage et auxquelles ils sont habitués.

Des oiseaux dépendants ou non ?

Dans l'ensemble, les oiseaux ne semblent pas dépendre autant qu'on pourrait le croire de la nourriture qu'ils trouvent dans les mangeoires. On pense souvent que, au cours de l'hiver, une fois les mangeoires installées et garnies de nourriture, on ne peut cesser de les approvisionner sans compromettre la survie des oiseaux qui s'y alimentent régulièrement. Voilà une affirmation

Cardinal rouge ♂

qui exige quelques nuances, bien qu'on l'entende maintes fois répétée un peu partout.

Il est vrai que les mangeoires ont grandement contribué à l'établissement de nouvelles espèces qui en ont profité pour étendre leur aire de répartition plus au nord. Ainsi en est-il du Roselin familier qui, en peu de temps, a étendu son aire de répartition dans l'ensemble du nord-est du continent. Autrefois absent de nos régions, il est maintenant bien implanté en plusieurs endroits. Que dire aussi du Cardinal rouge, qui a progressivement étendu son aire, profitant de la nourriture offerte dans les mangeoires pour survivre à l'hiver, dans ces nouvelles contrées plus froides. Les mangeoires ont également contribué à amener certains oiseaux, comme la Tourterelle triste, à hiverner en nombre sans cesse croissant dans les zones nordiques de leur aire. Dans la vallée du Saint-Laurent, les mangeoires (ainsi que la très forte augmentation de la quantité cultivée de maïs) ont aidé cette tourterelle à survivre à l'hiver, une saison qu'elle fuyait auparavant.

De plus, la nourriture offerte aux mangeoires pourrait aussi aider un bruant qui tenterait d'hiverner sous nos latitudes plutôt que de migrer vers le sud pour l'hiver. Enfin, une espèce égarée à l'extérieur de son aire habituelle profitera aussi de cette source de nourriture abondante et facile à trouver.

Toutefois, la situation est bien différente pour les espèces qui demeurent ici toute l'année, comme c'est le cas de la Mésange à tête noire, un oiseau très bien adapté à nos latitudes nordiques et qui ne migre pas l'automne venu. Des études menées en Alberta et aux États-Unis ont démontré que les mésanges nourries aux mangeoires ne cessent pas pour autant de s'alimenter en milieu naturel. C'est d'ailleurs là qu'elles trouveraient le gros de leur nourriture : les mangeoires ne compteraient que pour un peu moins de 25 % de leur alimentation quotidienne. Tout au plus les mangeoires favorisent-elles la survie de certaines mésanges lorsqu'il fait très froid, mais dans l'ensemble, elles ne jouent pas un rôle aussi déterminant qu'on veut bien le croire. En fait, les ressources du milieu suffisent généralement à assurer la survie des mésanges durant tout l'hiver, bien qu'on remarque des hauts et des bas selon les années. Par conséquent, les mangeoires ne constituent qu'une source additionnelle de nourriture, bien utile à l'occasion.

De petits baromètres emplumés

Les espèces qui demeurent toute l'année sous les latitudes nordiques ont donc développé des mécanismes leur permettant d'affronter les rigueurs de l'hiver. Certaines changent même de poids, par exemple le Chardonneret jaune qui accumule de la graisse en hiver afin de mieux affronter le froid intense et les conditions climatiques difficiles. Il s'agit d'une hausse appréciable, car les chardonnerets pèsent environ 35 % de plus en janvier qu'en juillet.

D'autres études ont démontré que les chardonnerets pouvaient détecter l'approche d'une tempête bien avant que l'humain n'en soupçonne la venue. Tels de petits baromètres emplumés, ils percevraient les chutes rapides de pression atmosphérique

Sittelle à poitrine blanche

et ils s'alimenteraient donc davantage aux mangeoires peu de temps avant une tempête. En augmentant rapidement leurs réserves corporelles à l'approche du mauvais temps, ils seraient en meilleure position pour affronter des conditions extrêmes, d'où une meilleure chance de survie.

Cela tend à démontrer que c'est surtout avant une tempête qu'il faut bien garnir les mangeoires pour permettre aux oiseaux de s'y alimenter. Il faut également les déblayer après la tempête pour que les oiseaux puissent profiter de cette source de

Bruants des neiges

Troglodyte de Caroline

nourriture quand ils viennent d'affronter des conditions climatiques difficiles. Et il n'y a pas que la neige qui cause des problèmes aux oiseaux. Le verglas peut lui aussi leur nuire passablement.

Des surprises et de la visite rare !

L'hiver réserve donc des surprises aux amateurs et les convives peuvent varier d'une année à l'autre, aussi bien en nombre qu'en espèces. Certains hivers, les Sizerins flammés envahissent le sud du pays alors qu'ils sont pratiquement absents l'hiver suivant. Puis une joyeuse bande de Gros-bec errants débarque soudain au poste d'alimentation et vide les mangeoires en un seul avant-midi. Après quelques jours ou quelques semaines, ces oiseaux disparaissent comme ils étaient venus. Ces années d'invasion font habituellement la joie des propriétaires de mangeoires puisque,

comme c'est généralement le cas avec des espèces grégaires, beaucoup d'oiseaux arrivent ensemble au poste d'alimentation, ce qui crée une activité intense. Parmi les visiteurs, il arrive même qu'on découvre une espèce rare, un troglodyte ou un quiscale qui retient soudain l'attention.

Des comportements différents

La fin de l'hiver permet d'assister à des changements dans le comportement des oiseaux. La plupart d'entre eux deviennent plus territoriaux à l'approche de la saison de nidification, qui commence très tôt chez certaines espèces, comme le Cardinal rouge. Dans plusieurs régions, ce cardinal commence souvent à chanter dès la fin du mois de janvier, annonçant ainsi sa présence à ses congénères et invitant une femelle à nicher avec lui.

Les oiseaux ont autant besoin d'eau en hiver que pendant les autres saisons, car ils ne font pas que se baigner lorsqu'ils en trouvent sur un terrain, ils en boivent également. Et ils continuent de boire tout au long de la saison froide, même si la tâche devient parfois laborieuse.

Offrir de l'eau est cependant plus complexe en hiver qu'au cours des autres saisons. Bien sûr, on retrouve sur le marché des accessoires qui permettent de chauffer l'eau versée dans une baignoire destinée aux oiseaux. Toutefois, il existe une méthode simple et peu coûteuse de faire ; il suffit de prendre un pot en grès d'environ 20 cm d'ouverture, comme ceux qu'on utilise pour les plantes, d'y placer une ampoule de 60 watts (100 watts lorsqu'il fait très froid) et de recouvrir le tout d'une assiette contenant de l'eau. La chaleur dégagée par l'ampoule empêche l'eau de geler (voir schéma, p. 57).

Le bassin d'eau dans lequel nagent les poissons peut aussi constituer une source intéressante d'approvisionnement. Si on en possède un, équipé d'une petite pompe permettant d'oxygéner l'eau, on profite du bouillonnement créé par la pompe pour conserver une petite ouverture dans la glace. Les oiseaux se bousculeront pour venir y boire!

Tarin des pins

Le printemps :
le retour des migrateurs

Des retours et des départs

Le printemps aussi constitue une belle saison pour observer les oiseaux aux mangeoires. Tout comme l'automne, ce moment de l'année est caractérisé par des déplacements massifs d'oiseaux qui, dans plusieurs cas, font le chemin inverse de celui emprunté quelques mois auparavant, quand ils nous quittaient pour aller hiverner au Sud.

Tôt en mars, on assiste dans plusieurs coins de pays au retour des « oiseaux noirs ». À leur arrivée, les Carouges à épaulettes, les Quiscales bronzés et les Vachers à tête brune s'arrêtent souvent aux mangeoires, signe que le printemps est tout près. Vers la fin du mois, les premiers Merles d'Amérique sautillent sur les terrains, là où la neige a fondu. Petit à petit, de plus en plus de nouveaux visiteurs fréquentent les mangeoires.

C'est le cas des bruants et des juncos qui s'arrêtent aux postes d'alimentation, histoire de varier un peu le menu en cette période de l'année.

C'est d'ailleurs au moment du retour de ces oiseaux qu'il est particulièrement important de maintenir les mangeoires bien garnies. Lors d'une tempête soudaine, comme il en arrive souvent à la fin du mois de mars ou au début d'avril, les nouveaux arrivants profitent grandement de la nourriture offerte aux mangeoires. Ils peuvent ainsi s'alimenter plus facilement que s'ils devaient compter uniquement sur les ressources du milieu.

Les semaines passent et on assiste bientôt au départ des oiseaux qui ont séjourné dans nos régions durant l'hiver. Les Sizerins flammés et les Bruants des neiges, pour ne

Bruant fauve

Cardinal à poitrine rose ♂

nommer que ceux-là, nous quittent pour regagner leur aire de nidification, située plus au nord. Il est d'ailleurs très intéressant de noter les dates de départ de ces oiseaux et l'arrivée des autres afin de se constituer un calendrier des migrations.

De plus, contrairement à l'automne où plusieurs oiseaux ont un plumage terne, le printemps est une belle occasion d'observer de nouveaux visiteurs brillamment colorés, qui ont revêtu leurs plus beaux atours en vue de la période de nidification. Le moment est idéal pour voir aux mangeoires le Cardinal à poitrine rose, qui continuera probablement de fréquenter ce buffet jusqu'en été, amenant même les jeunes avec lui lorsqu'ils quitteront le nid. Cela

constitue tout un tableau que d'observer dans sa cour arrière, par une belle journée du mois de mai, un Cardinal à poitrine rose et un Cardinal rouge se régalant de tournesol.

Réaménagement printanier et entretien

Le mois de mai est le moment idéal pour installer l'abreuvoir à colibris remisé l'automne précédent. Le Colibri à gorge rubis ne manquera pas de s'y arrêter à son retour dans nos régions. Si les ouvertures sont suffisamment grandes, un Oriole de Baltimore pourrait aussi être tenté de s'y abreuver. Il est cependant plus simple d'installer deux abreuvoirs différents et adaptés aux besoins particuliers de ces deux espèces.

Vers la toute fin du printemps, les activités de nidification commencent, amenant un changement notable dans le nombre de visiteurs aux mangeoires. Les migrateurs poursuivent leur route pour chercher un habitat propice à la nidification, les bandes hivernales se séparent et les oiseaux qui nichent près de la maison deviennent plus territoriaux.

Le moment est donc bien choisi pour nettoyer et réparer les mangeoires et tout préparer pour la saison estivale qui s'amorce. On en profite pour réaménager le poste d'alimentation afin qu'il soit adapté aux changements survenus dans le nombre et la diversité des visiteurs.

Oriole de Baltimore

Peu importe la saison, on veillera à nettoyer régulièrement les mangeoires afin d'éviter la propagation des maladies. Il faut enlever les graines détrempées par de fortes pluies ou par la neige, surtout dans les plateaux où elles ne sont pas protégées des intempéries. Il faut également être particulièrement vigilant concernant l'accumulation d'excréments dans les plateaux et on veillera à désinfecter ces derniers régulièrement, surtout lorsque l'achalandage est grand. De plus, il est important d'enlever la nourriture tombée au pied des mangeoires pour éviter l'accumulation de graines avariées.

À chaque saison, on démontera les mangeoires pour les laver à fond. Il suffit de les nettoyer à l'eau savonneuse et de les rincer soigneusement. Au moment du rinçage, on peut les désinfecter en utilisant une solution d'eau de Javel et d'eau (1 partie d'eau de Javel pour 9 parties d'eau).

De plus, il ne faut pas oublier de changer régulièrement l'eau du bain d'oiseaux et de le nettoyer chaque fois, surtout en été.

L'été :
de nouveaux visiteurs

Oriole de Baltimore ♂

Une affluence variable selon les endroits

Bien que le nombre de visiteurs diminue de façon appréciable au cours de l'été, cette saison permet tout de même de faire de très belles observations aux mangeoires. Avec le retour des beaux jours, la nourriture redevient abondante en milieu naturel et, surtout, les oiseaux sont très occupés par les préparatifs de la nidification. Contrairement aux autres saisons, ils sont alors confinés, généralement en couple, dans de plus petits territoires où ils trouvent tout ce qui leur est nécessaire, autant pour l'aménagement du nid que pour satisfaire leurs besoins alimentaires ainsi que ceux des jeunes qui naîtront au cours des semaines à venir.

Le lieu où se trouvent les mangeoires influence donc grandement le nombre et la diversité des petits visiteurs ailés puisque ce sont les oiseaux qui nichent à proximité qui sont les plus susceptibles de s'y présenter et de varier ainsi leur diète quotidienne : plus il y a d'oiseaux qui nichent près de la maison et plus les chances sont grandes d'en accueillir beaucoup à notre poste d'alimentation.

Les amateurs devraient donc recevoir beaucoup de visiteurs lorsque les mangeoires sont situées près d'un bois, ce qui ne veut pas dire que les oiseaux ne sont pas présents dans d'autres milieux. Toutefois, dans les secteurs fortement urbanisés et dans les nouveaux quartiers résidentiels − là où la végétation n'est pas encore très bien implantée −, la diversité est moins grande que dans les quartiers plus anciens où l'on retrouve des grands arbres, des conifères, des arbustes variés et des haies denses. Un habitat qu'affectionne d'ailleurs particulièrement le Cardinal rouge qui niche à proximité des maisons.

Histoires de famille et menus différents

Peu importe où sont situées les mangeoires, il y a fort à parier qu'elles seront visitées par des espèces variées, que ce soit le Roselin familier, le Cardinal rouge, la Tourterelle triste, la Mésange à tête noire, le Chardonneret jaune, le Moineau domestique ou l'Étourneau sansonnet, pour ne nommer que ceux-là. Le moment est donc bien choisi pour assister à de nombreux comportements liés à la nidification, depuis la défense du territoire jusqu'à la construction du nid, en passant par le nourrissage des jeunes. Le Cardinal rouge et le Roselin familier ne manqueront pas d'emmener leurs petits aux mangeoires à leur sortie du nid. C'est d'ailleurs grâce à de telles promenades familiales qu'on a pu suivre la progression de ces deux espèces qui ont étendu leurs aires au fil des ans. D'autres espèces, comme le Cardinal à poitrine rose, mènent également leurs rejetons aux mangeoires et, ainsi, le nombre

Pics mineurs

de visiteurs croît tout au long de la saison. Les Chardonnerets jaunes égaient eux aussi les environs avec leur babillage au cours des journées chaudes de l'été et il y a de bonnes chances qu'ils rendent visite au silo de chardon installé à leur intention.

Quiscales bronzés

Chardonnerets jaunes

Le chardon mérite d'ailleurs une place de choix dans tout poste d'alimentation au cours de l'été. Évidemment, un bon poste contiendra aussi du tournesol noir et du millet blanc. De plus, on enlèvera le bloc de suif de bœuf, difficile à conserver par temps chaud. On le remplacera avantageusement par des « pains d'oiseaux » commerciaux qui peuvent être offerts aux oiseaux à l'année sans problème.

En plus de changer la nourriture, on peut aussi modifier le nombre de mangeoires au sein du poste d'alimentation, afin d'ajuster le tout aux conditions estivales. Puisqu'il y a habituellement moins d'oiseaux, on peut diminuer le nombre de mangeoires.

Les colibris au jardin

Parmi les vedettes de l'été, il ne faut pas oublier le Colibri à gorge rubis, cette petite merveille emplumée qui accepte volontiers de se désaltérer à côté de la maison quand on installe un abreuvoir à son intention. On trouve sur le marché différents modèles d'abreuvoir, mais il faut s'assurer de s'en procurer un facile à nettoyer car il faut répéter cette opération au moins une fois par semaine ou chaque fois qu'on le remplit. On doit d'ailleurs changer régulièrement l'eau de l'abreuvoir au cours de l'été, surtout lorsqu'il fait très chaud, car il pourrait s'y développer des moisissures.

Geai bleu

De l'eau pour les oiseaux

Il ne faut pas oublier d'offrir de l'eau aux oiseaux pour qu'ils puissent boire et se baigner. On trouve sur le marché différents modèles de baignoires en ciment, en céramique ou en plastique. Dans ce dernier cas, il est préférable de placer un peu de gravier dans le fond pour rendre la baignoire moins glissante. Mais peu importe le modèle choisi, il faut veiller à ce que la profondeur de l'eau n'atteigne pas plus de cinq à sept centimètres au centre du bassin.

On peut aussi utiliser un couvercle de poubelle en plastique qu'on installe à même le sol et au fond duquel on dépose du gravier. À cette baignoire de fortune, on peut ajouter un dispositif qui permet à l'eau de s'écouler goutte à goutte, ce qui rend la baignoire encore plus attrayante pour les petits visiteurs. Évidemment, de tels dispositifs sont vendus sur le marché, mais on peut aussi en fabriquer en suspendant simplement un contenant en plastique avec un petit trou percé au fond, d'où l'eau s'égoutte.

Certains optent pour l'aménagement d'un bassin aquatique, dont la réalisation est beaucoup plus complexe, mais qui constitue une excellente façon d'offrir de l'eau aux oiseaux. Il suffit de prévoir un endroit où l'eau est peu profonde, pour qu'ils viennent s'y baigner ou y boire. Si, en plus, une petite cascade est aménagée à même le bassin, les oiseaux ne manqueront certainement pas de s'y donner rendez-vous.

Chardonneret jaune ♂

Choisir et installer
des mangeoires

En installant des mangeoires chez soi, on peut facilement attirer les oiseaux et les observer à loisir. Quel spectacle agréable que celui offert par les Chardonnerets jaunes se nourrissant de chardon pendant qu'on profite d'une belle journée chaude pour se la couler douce à l'extérieur. Ou en hiver lorsque, confortablement installé dans la maison, bien au chaud, on profite de l'animation créée par la visite de convives pour la plupart brillamment colorés.

Mais les mangeoires sont-elles indispensables ? Bien sûr, on peut se contenter de lancer des graines au sol et d'attendre que les oiseaux viennent les manger, ce qui n'est cependant pas la méthode idéale. En effet, les chutes de neige successives auront tôt fait de recouvrir les graines et de les soustraire à la vue des oiseaux. D'où l'obligation d'en remettre à chaque fois qu'il neige et la difficulté de nourrir les oiseaux durant une tempête.

Il est donc beaucoup plus simple d'utiliser des mangeoires, celles-ci permettant de placer la nourriture à l'abri des intempéries et de la présenter selon les habitudes alimentaires des oiseaux.

Un poste
d'alimentation pratique

Puisqu'on installe des mangeoires d'abord et avant tout pour le plaisir d'observer les oiseaux, il est indispensable qu'elles soient facilement visibles de la maison. On peut ainsi jouir au maximum du spectacle offert. Non seulement profite-t-on alors de la présence des visiteurs

habituels, mais on peut aussi remarquer rapidement l'arrivée d'un nouveau venu, que ce soit un oiseau venu du Nord pour passer l'hiver chez nous, un autre qui passe en migration ou encore un visiteur égaré qui a trouvé les mangeoires et qui en profite pour s'y nourrir.

Idéalement, on regroupe les différentes mangeoires dans un îlot et on les installe à un endroit qui est visible depuis la pièce où se déroule la majorité des activités quotidiennes. Dans bien des cas, il s'agit de la cuisine puisque c'est là qu'on mange, qu'on prépare les repas et, souvent, qu'on discute entre amis à différents moments de la journée. Rien de tel pour établir un contact avec les oiseaux qui deviennent ainsi partie intégrante de notre environnement immédiat.

Un accès facile

L'endroit choisi pour installer les mangeoires doit toujours être facile d'accès, car il faut les nettoyer et les remplir régulièrement. Quand les visiteurs sont nombreux, ils les vident rapidement. Il faut donc se faciliter la tâche car, si elle devient trop fastidieuse, le remplissage des mangeoires devient parfois moins régulier. Si possible, on les place à l'abri des vents dominants, surtout en hiver quand la neige s'accumule sur le terrain.

Rien ne nous empêche d'installer quelques mangeoires dans un îlot un peu à l'écart pour les oiseaux qui, comme les gélinottes ou les perdrix, préfèrent de ne pas trop s'approcher des maisons. C'est une excellente façon de répartir les visiteurs lorsque le poste d'alimentation est fréquenté par de nombreuses bandes dont chacune compte beaucoup d'oiseaux.

Attention aux collisions !

Même s'il est souvent difficile de concilier la présence d'une fenêtre et les dangers de collisions, il faut y penser avant d'installer des mangeoires. En général, les oiseaux s'envolent dès qu'ils sentent un danger, et c'est alors qu'ils risquent de heurter une fenêtre. Les collisions surviennent parce qu'ils croient s'envoler dans le paysage reflété par la fenêtre. Afin d'éviter ces accidents, il faut donc éliminer le reflet. Selon certaines études menées aux États-Unis, il semble que des silhouettes de faucon collées à la fenêtre soient inefficaces. Idéalement, il faudrait fabriquer un carrelage extérieur, à l'aide de ruban gommé, en espaçant les bandes d'une dizaine de centimètres les unes des autres. Pas très réaliste comme méthode ! On peut placer une moustiquaire à l'extérieur ou encore un filet comme celui qu'on vend pour protéger les arbres fruitiers de l'appétit des oiseaux. Un store vertical ou horizontal (à l'intérieur cette fois-ci) constitue une solution intéressante dans certains cas.

Lorsque cela est possible, on peut installer les mangeoires tout près, que ce soit directement sur la rampe du patio ou même sur le rebord d'une fenêtre, ce qui, permet de réduire les risques de blessures graves dues à une collision. En effet, en plaçant les mangeoires à moins de 1,5 m des fenêtres, les oiseaux n'ont généralement pas la distance nécessaire pour atteindre une vitesse qui serait fatale en cas de collision. Habituellement, plus la distance est grande, plus la vitesse atteinte est élevée, plus l'impact est fort et souvent fatal.

Bruant à couronne blanche

Pourquoi ne pas transformer un balcon d'appartement en poste d'alimentation en y installant quelques mangeoires et en l'agrémentant de plantes. Un plateau contenant du tournesol noir, du millet blanc et un peu de maïs concassé, une mangeoire à débit contrôlé avec une bonne réserve de graines de tournesol noir, un petit silo rempli de chardon destiné aux Chardonnerets jaunes, ainsi qu'un abreuvoir à colibris (remplacé par une boule de suif en hiver), et la table est mise pour les oiseaux !

Même sur un balcon, l'environnement immédiat influence la fréquentation des mangeoires, notamment lorsque les environs sont relativement boisés, comme c'est souvent le cas dans les quartiers urbains plus anciens. Quelques plantes installées sur le balcon permettent aussi de créer un environnement plus favorable. Des fleurs en été y font pour beaucoup, attirant les colibris et colorant le paysage. On peut aussi choisir de petits conifères qui se cultivent facilement dans des gros pots aux parois isolées afin de protéger les racines en hiver. Et on trouve même de petits arbres fruitiers pouvant être cultivés dans des pots. Bref, un judicieux choix de plantes permet de créer une belle oasis à même le balcon d'un appartement.

Des habitudes
et des mangeoires variées

Les oiseaux adoptent des comportements fort variés lorsqu'ils s'alimentent. Les pics et les grimpereaux se nourrissent principalement sur le tronc des arbres, les mésanges n'hésitent pas à explorer les moindres recoins du tronc et des branches, allant jusqu'à se balancer à l'extrémité des rameaux comme de véritables petites acrobates, tandis que les gélinottes, les bruants, les juncos et les alouettes préfèrent se nourrir au sol.

Un poste d'alimentation bien aménagé permet donc à des pics de manger du suif placé dans des petites cavités percées dans des rondins suspendus à différents endroits, pendant que les mésanges s'agrippent aux mangeoires les plus diverses afin de se nourrir, que les Gros-bec errants ou d'autres oiseaux grégaires se nourrissent dans des plateaux, et que les bruants, les juncos et les tourterelles fouillent parmi les graines tombées au sol.

En installant des mangeoires différentes selon les besoins des oiseaux, on peut créer un poste d'alimentation attrayant et accueillir en même temps une grande variété d'espèces. Parmi les modèles de mangeoires retenus, mentionnons d'abord un plateau dans lequel on présente le menu, ensuite quelques mangeoires à débit contrôlé de différentes tailles et formes, et enfin un rondin ou un filet en plastique avec du suif à l'intérieur. On peut ajouter un présentoir pour petits fruits, une mangeoire spécialement conçue pour le chardon et une autre pour les noix et les arachides. Au fil du temps, on aménagera l'endroit en ajoutant de nouvelles mangeoires en fonction des visiteurs.

En fin de compte, certains aliments se prêtent mieux à tel type de mangeoire qu'à tel autre. Par exemple, on peut présenter des miettes de pain au sol, mais on évitera de le faire avec des noix ou des arachides pour ne pas attirer les écureuils. On optera plutôt pour une mangeoire spécialement conçue à cette fin : les mangeoires à débit contrôlé sont parfaites pour présenter le tournesol noir, le millet blanc ou l'alpiste, mais pas pour du maïs concassé ou d'autres céréales, comme l'avoine et le blé, car l'humidité pourrait les transformer en une masse compacte qui bloquerait l'ouverture de la mangeoire. On offrira plutôt ces céréales dans un plateau, bien à la vue des oiseaux.

Comment choisir
une mangeoire

Les modèles offerts sur le marché sont des plus variés, de la petite mangeoire qu'on colle à la fenêtre jusqu'au gros modèle dans lequel on peut verser suffisamment de graines pour satisfaire pendant plusieurs jours l'appétit d'une grosse bande d'oiseaux. Il n'y a qu'à voir un groupe de Gros-becs errants s'alimenter pour constater à quel point il est utile d'avoir des mangeoires de tournesol de grande capacité.

La plupart des mangeoires vendues dans les grands magasins ou les commerces spécialisés sont fonctionnelles et conviennent très bien pour nourrir les oiseaux. Mais il y a tout de même certains critères à prendre en considération avant d'arrêter son choix, qu'il s'agisse d'un petit silo en acrylique transparent, d'un plus gros avec des ouvertures en métal, ou d'une grosse mangeoire à débit contrôlé en bois ou en plastique.

D'abord, il faut vérifier la qualité de la construction. Les assemblages sont-ils solides ? A-t-on l'impression au contraire que les rebords de la base en bois tomberont après quelque temps ? Outre le bois, le métal contribue aussi à augmenter la solidité de certains types de mangeoires, qu'il s'agisse d'acier inoxydable ou de cuivre. Plusieurs silos sont fabriqués en acrylique transparent, un matériau qui a plutôt tendance à fendiller et à casser au froid. Il existe un autre matériau transparent, le « lexan », qui est plus cher mais plus résistant. Autre élément à vérifier : la qualité des fixations, que ce soit pour suspendre la mangeoire ou pour la fixer à un poteau. La mangeoire pourra-t-elle demeurer en place malgré les intempéries, notamment lorsqu'il y a des vents violents ? De plus, est-ce que les graines sont protégées adéquatement contre les infiltrations d'eau ?

Enfin, il faut porter une attention toute particulière à la facilité de remplissage de la mangeoire. Il ne faut pas hésiter à l'essayer dans le magasin afin de vérifier si l'opération est simple à exécuter, car si cela s'avère difficile à l'intérieur, ce sera souvent toute une aventure de remplir la mangeoire à l'extérieur, une fois l'hiver venu, les mains enfouies dans des mitaines parce qu'il fait froid.

Certaines mangeoires sont aussi faciles à démonter, ce qui est très intéressant lorsque vient le moment du nettoyage. Non seulement peut-on alors les nettoyer dans les moindres recoins, mais on est d'autant plus porté à le faire que la tâche est facile.

La taille de la mangeoire est un autre élément à prendre en considération, surtout si on souhaite y verser des réserves de nourriture pour quelques jours. Dans ce cas, une grande mangeoire est fort utile, d'autant plus qu'elle permet aussi d'accueillir beaucoup d'oiseaux en même temps. Ce qui ne signifie pas qu'une petite mangeoire n'est pas utile, surtout si on souhaite diversifier les visiteurs et aménager des coins moins achalandés pour certaines espèces. Dans le cas des silos, est-ce qu'il y a suffisamment de perchoirs ? Par ailleurs, puisque ces silos sont généralement transparents, il est assez facile de vérifier la quantité de nourriture à l'intérieur, un critère qui n'est pas à négliger pour les mangeoires à débit contrôlé de modèle classique.

Il faut également vérifier attentivement les ouvertures d'où s'écoulent les graines. Généralement, les silos ne causent pas de problèmes, mais il faut tout de même s'assurer que les ouvertures placées sous les mangeoires à débit contrôlé sont elles aussi assez grandes pour laisser la nourriture s'écouler librement. Certaines mangeoires ont également des ouvertures renforcées de métal, ce qui en augmente la résistance devant l'assaut des écureuils qui ont souvent vite fait de ronger les ouvertures des mangeoires en acrylique.

Évidemment, on paiera souvent plus cher pour une mangeoire très bien construite et facile à utiliser. Cependant, il ne faut pas s'empêcher de nourrir les oiseaux si on préfère dépenser un peu moins pour l'achat des mangeoires. C'est une question de compromis. De plus, un bricoleur peut facilement construire lui-même plusieurs modèles de mangeoires. Il suffit de choisir un plan qui correspond à son habileté. On peut aussi utiliser les contenants courants les plus divers et les transformer en mangeoires.

Les types
de mangeoires

Le sol

Le sol constitue certes la *mangeoire* préférée de bien des oiseaux, dont les tourterelles, les bruants et les juncos, qui préfèrent s'alimenter par terre. Malgré les inconvénients de présenter ainsi la nourriture, il ne faut pas y renoncer lorsqu'on souhaite attirer le plus d'espèces possible chez soi. Il faut aussi mentionner que les visites successives des oiseaux aux mangeoires auront tôt fait de jeter des graines au sol où elles s'accumulent rapidement quand le poste d'alimentation est très fréquenté. Ces graines attirent à leur tour d'autres oiseaux qui se nourrissent ainsi au pied des mangeoires.

Pour leur part, les Bruants des neiges et les alouettes s'alimentent presque exclusivement au sol. Il est donc avantageux d'y répandre un peu de nourriture quand on demeure dans des endroits susceptibles de recevoir leur visite. Pour éviter le gaspillage, il suffit d'étendre juste un peu de nourriture à la fois, soit la quantité dont les oiseaux ont habituellement besoin pour une journée.

Enfin, il est pratiquement indispensable de placer de la nourriture au sol si on souhaite attirer les gélinottes, les faisans ou les perdrix. Dans ce cas-ci, on peut construire un petit abri en sapinage pour protéger les graines qu'on souhaite mettre à la disposition de ces oiseaux. On peut également utiliser des tiges de graminées (notamment le Phalaris roseau) pour fabriquer un petit abri qui plaira aux tourterelles du quartier.

Les plateaux

Les plateaux sont un heureux substitut au sol comme façon de présenter la nourriture. D'ailleurs, la majorité des espèces qui s'alimentent au sol n'hésitent pas à se nourrir à ce type de mangeoire. Les plateaux permettent également de disposer la nourriture bien en évidence, la rendant ainsi facile à repérer. Il s'agit aussi d'une très bonne façon d'accueillir un grand nombre d'oiseaux à la fois. Une bande de Gros-bec errants pourrait donc y prendre place et créer beaucoup d'animation dans la cour arrière par un beau matin d'hiver.

Il est facile de fabriquer un plateau puisqu'il s'agit simplement d'une planche, avec un petit rebord d'environ 5 cm de haut, qui tient lieu de perchoir et qui permet de retenir les graines. Bien que les dimensions puissent varier, un plateau d'environ 30 cm x 60 cm permet d'accueillir en même temps plusieurs oiseaux (voir schéma, p. 57). Le drainage est très important avec ce type de mangeoire exposée aux intempéries. Quelques trous percés dans le fond, notamment près des rebords, permettent à l'eau de s'égoutter.

Une fois le plateau assemblé, on le fixe à un poteau de bois à l'aide d'équerres métalliques ou encore à un poteau de métal en utilisant un montage fileté vissé sous la mangeoire.

Il est également possible de faire quelques variantes. Ainsi, on peut transformer le tout en petite table basse en installant des pattes aux quatre coins. D'ailleurs, dans ce cas-ci, il est facile d'utiliser uniquement de la moustiquaire pour fabriquer le fond, ce qui donne un excellent drainage.

De plus, il est facile de fabriquer un plateau qu'on installe à une fenêtre, permettant ainsi d'observer les oiseaux de très près. Il suffit d'adapter le plateau aux dimensions de la fenêtre, tout en évitant qu'il dépasse la saillie du toit et qu'il subisse l'égouttement de l'eau ou les chutes de neige. Finalement, pourquoi ne pas installer un plateau sur le rebord de la balustrade du balcon et rapprocher ainsi les oiseaux de la maison ? Bref, il suffit de laisser libre cours à son imagination.

Mais, si les plateaux ont l'avantage de placer la nourriture bien en évidence, ils ont aussi l'inconvénient de l'exposer aux intempéries. En effet, la neige recouvre vite les aliments destinés aux visiteurs et il faut donc y accorder plus d'attention lors des tempêtes.

Les abris

Une bonne façon de contrer les inconvénients d'un plateau consiste à recourir à un abri qui protège les graines. Résultat : moins d'entretien et de la nourriture pratiquement toujours accessible, peu importe les conditions atmosphériques.

Bien que plus élaborée que celle d'un plateau, la construction d'un abri est relativement simple pour le bricoleur qui souhaite construire ses propres mangeoires. On commence par fabriquer un plateau de 30 cm x 60 cm. On ajoute ensuite un rebord et un toit supporté par des poteaux. Il faut calculer la longueur des poteaux afin de prévoir un espacement d'au moins 20 cm entre le rebord et le toit (voir schéma, p. 57).

On peut aussi recycler différents objets pour en faire des abris. Par exemple, un panier de raisins ou de pêches renversé sur le côté fera très bien l'affaire pour abriter les graines.

Les mangeoires
à débit contrôlé

Tous les postes d'alimentation devraient avoir une mangeoire à débit contrôlé. Il s'agit de réservoirs de taille variable d'où s'écoulent des graines qui arrivent sur un plateau par des ouvertures situées dans le bas. Ainsi, la nourriture est toujours accessible puisque le plateau se remplit suivant le rythme auquel les oiseaux mangent. Outre cet avantage, les mangeoires préservent aussi les graines des intempéries, si bien que lors d'une chute de neige durant la nuit, le repas est tout de même accessible au petit matin, sans qu'on soit obligé de sortir pour déblayer le tout, comme dans le cas des plateaux. De plus, certains modèles de grandes dimensions permettent d'y verser une bonne quantité de graines, ce

qui est très utile lorsqu'on doit s'absenter pour une période de temps plus ou moins longue ou encore si on ne veut pas remplir les mangeoires quotidiennement.

On trouve plusieurs modèles dans les magasins, que ce soit des petites mangeoires en plastique ou de plus grandes, fabriquées en bois ou en métal. De plus, il est possible de suspendre ces mangeoires ou de les fixer à un poteau de bois ou de métal en utilisant la même technique que celle employée pour installer un plateau. Évidemment, les prix varient selon la solidité de la construction ou la taille de la mangeoire.

Toutefois, il est relativement simple de fabriquer sa propre mangeoire à débit contrôlé, la complexité étant fonction de l'habileté manuelle du bricoleur. Pour la construire, on peut utiliser du cèdre ou du pin et la couvrir d'un toit en bois ou même en cuivre ou en bardeaux de cèdre. On peut aussi la construire en contreplaqué et y appliquer ensuite une teinture (non toxique) pour la protéger contre les intempéries. Outre la dextérité manuelle, le modèle dépend aussi du temps et de l'énergie qu'on veut bien consacrer à la fabrication de la mangeoire.

Les dimensions sont variables, mais un réservoir d'une quarantaine de centimètres de haut, posé sur un plateau de 40 cm x 60 cm, constitue un format intéressant pour une mangeoire de ce type (voir schéma, p. 56). De plus, il est recommandé d'utiliser de l'acrylique transparent pour couvrir les devants du réservoir, car cela permet de voir facilement la quantité de graines dans la mangeoire. Il ne faut pas oublier de laisser un espace d'environ 1,5 cm dans le bas pour permettre l'écoulement des graines sur le plateau.

Un trou muni d'un clapet, pratiqué dans le toit, permet de remplir la mangeoire sans problème.

Non seulement est-il possible de construire des mangeoires avec des réservoirs de tailles variables, mais on peut aussi modifier à guise le plateau situé dessous afin d'accueillir un grand nombre de visiteurs en même temps. De plus, on peut aménager une cloison à l'intérieur du réservoir afin d'offrir deux types de nourriture dans la même mangeoire : du tournesol noir d'un côté et du millet blanc de l'autre, par exemple. Il est facile d'adapter le tout à ses besoins car il y a très peu de critères à respecter pour construire une mangeoire fonctionnelle.

Pour leur part, certains manufacturiers ont conçu des mangeoires avec des mécanismes à bascule grâce auxquels les écureuils ne peuvent prendre la nourriture. En fait, un clapet bloque l'accès aux graines lorsqu'un écureuil ou encore un oiseau plus lourd se pose sur le devant de la mangeoire. Il est souvent possible de régler le contrepoids afin de ne permettre qu'aux petits

oiseaux, comme les mésanges et les chardonnerets, d'accéder à la nourriture et de manger sans être dérangés par les autres, qui peuvent toujours s'alimenter aux plateaux voisins.

On vend même une mangeoire destinée spécifiquement au Cardinal rouge. Grâce à un contrepoids réglé avec relativement de précision en fonction de son poids, lorsqu'un cardinal se perche à la mangeoire, un petit clapet bascule et dégage l'ouverture afin qu'il puisse s'y nourrir. Si l'oiseau qui s'y perche n'est pas assez lourd, le clapet ne s'ouvre pas et s'il est trop lourd, il se referme. On suggère aussi d'y verser du carthame, une graine appréciée du cardinal, mais peu par les autres oiseaux.

Une variante intéressante : les silos

Les silos constituent une variante intéressante de mangeoires à débit contrôlé. Comme ces dernières, les silos sont des réservoirs qui permettent de préserver les graines des intempéries. Mais ici, plutôt que de s'écouler dans un plateau vers le bas, les graines sont extraites par les oiseaux à travers des ouvertures percées sur le silo. Cela limite beaucoup le gaspillage puisque, en pratique, chaque graine extraite est mangée.

Généralement fabriqués en plastique ou en acrylique, les silos sont très populaires, autant auprès des petits oiseaux qu'auprès des propriétaires de mangeoires. Faciles à installer puisqu'il suffit habituellement de les suspendre, ils sont également faciles à remplir. On n'a qu'à retirer le couvercle au sommet et à y verser les graines. De plus, dans bien des cas, on peut les démonter entièrement pour les nettoyer, ce qui rend la chose très facile.

Il s'agit également d'une excellente façon d'accueillir les petits oiseaux comme les mésanges, les chardonnerets ou les sittelles lorsqu'il y a une grande affluence aux autres mangeoires. En effet, à cause de la petite taille des perchoirs dont sont munies ces mangeoires, les plus gros oiseaux ont de la difficulté à s'y percher, ce qui laisse la place aux autres. Quelques silos de plus, et tout le monde a sa place au banquet dans la cour arrière.

Les silos sont idéals pour le tournesol noir, le colza, l'alpiste, le millet blanc ou le chardon. D'ailleurs, il s'agit de la meilleure façon d'offrir cette dernière graine qui coûte beaucoup plus cher que les autres. En effet, on vend des mangeoires munies de petites ouvertures d'où les oiseaux peuvent extraire les graines de chardon une à une, évitant ainsi le gaspillage. De plus, dans certains cas, ces ouvertures sont situées sous les perchoirs, ce qui ne gêne pas l'accès à la nourriture pour les chardonnerets, mais complique par contre la tâche à d'autres oiseaux.

On trouve aussi des modèles réunissant plus d'un silo, ce qui permet d'offrir plus d'un type de graines à la fois. On peut ainsi préparer facilement un véritable buffet pour les Chardonnerets jaunes en plaçant du chardon dans un silo, du colza dans l'autre et du tournesol noir dans un troisième. Les chardonnerets peuvent alors se nourrir de tournesol ou de colza en attendant qu'une place se libère au silo dans lequel il y a du chardon.

Dans certains cas, les silos sont recouverts d'un grillage, ce qui en interdit l'accès aux écureuils. À ce sujet, il est souvent préférable d'acheter des mangeoires dont les ouvertures sont renforcées de métal afin d'éviter que ces petits mammifères les rongent et agrandissent ainsi le trou pour arriver à en extraire la nourriture. Voilà quelques dollars de plus à l'achat qui permettront d'éviter de racheter bientôt une nouvelle mangeoire.

Les présentoirs pour le suif et le beurre d'arachide

Pour offrir aux oiseaux du suif et du beurre d'arachide, il faut recourir à des présentoirs spéciaux parce que ces deux aliments ne se prêtent pas à l'utilisation de mangeoires traditionnelles, conçues pour des graines. Malgré tout, il existe des moyens très simples d'offrir ces deux aliments.

Pour le suif, il suffit d'un simple sac de filet en plastique, comme ceux dans lesquels on vend les oignons.

On met le suif à l'intérieur, on suspend le sac et le tour est joué ! On trouve aussi sur le marché des petits présentoirs grillagés dans lesquels on glisse le suif ou des « pains d'oiseaux » avant de les suspendre parmi les autres mangeoires. Tout comme dans le cas du sac en filet, les oiseaux s'agrippent au présentoir et picorent à travers les mailles pour en extraire leur repas.

Le rondin est un autre type de présentoir qui permet d'offrir du beurre d'arachide et du suif d'une manière qui correspond davantage aux habitudes alimentaires des oiseaux qu'on souhaite attirer. Il suffit de prendre un petit rondin d'environ 10 cm de diamètre et de 40 cm de longueur et d'y percer des trous d'environ 2 cm de diamètre et de profondeur. La nourriture sera offerte dans ces cavités. On visse ensuite un œillet à l'une des extrémités, on y passe un fil métallique et on suspend le tout. Les pics, les grimpereaux, les sittelles et les mésanges s'agripperont à l'écorce et se nourriront en extrayant les aliments des trous.

Les mangeoires pour les noix et les arachides

Bien qu'on puisse offrir des noix hachées et des arachides en les déposant tout simplement sur un plateau, il est tout de même préférable de recourir à des mangeoires spécialisées. En effet, les arachides placées sur un plateau n'attireront pas seulement les Geais bleus, mais aussi les écureuils qui voudront tirer profit de cette nourriture soudainement disponible.

Pour régler ce problème, on utilise des mangeoires conçues spécifiquement à cet effet. Il s'agit généralement de tubes grillagés sur lesquels les oiseaux s'agrippent pour en extraire la nourriture à travers les trous. On trouve aussi des modèles qui ressemblent davantage à de petites mangeoires à débit contrôlé, dont les panneaux d'acrylique ont toutefois été remplacés par des panneaux grillagés.

Les mangeoires pour les fruits

Les fruits aussi nécessitent parfois le recours à des mangeoires spéciales. Évidemment, on peut les placer sur un plateau, tout comme les autres aliments, mais il est souvent intéressant de consacrer une petite mangeoire à ce mets qui n'est recherché que par quelques visiteurs.

On peut aménager un petit coin du poste d'alimentation spécialement à l'intention des frugivores. On fixe une demi-orange à un piquet ou une branche, ce qui, en été ou au printemps, permet d'accueillir des orioles. On place également un petit plateau à proximité pour offrir d'autres fruits.

Les objets récupérés

On peut récupérer différents objets pour les transformer en mangeoires. Ainsi, un contenant de lait devient utile si on y place des graines, on y perce des ouvertures et on suspend le tout à l'intention des oiseaux. Une noix de coco fait tout aussi bien l'affaire si on la remplit de graines de tournesol.

Et que dire des bouteilles de boisson gazeuse ! Bien nettoyées, elles font d'excellentes mangeoires à débit contrôlé. On vend même des accessoires qui permettent de les transformer en mangeoires suspendues ou encore en modèles fixés à une fenêtre avec des ventouses. Et il est aussi possible de bricoler son propre modèle.

Bref, plusieurs objets sont facilement recyclables en mangeoires. En fait, tout ce qu'il faut, c'est que le contenant en question soit étanche et permette de présenter facilement les graines, le suif ou même l'eau aux oiseaux. Un peu d'imagination et voilà des mangeoires qui ne coûtent pratiquement rien !

Les abreuvoirs à colibris

Il s'agit d'un type bien particulier d'abreuvoir qui permet d'offrir de l'eau sucrée aux colibris, du printemps jusqu'au début de l'automne. En fait, il s'agit d'un réservoir en plastique ou en verre dans lequel on verse de l'eau sucrée. Il existe aussi des modèles plus gros, adaptés aux orioles.

Tout comme dans le cas des mangeoires, il est important de vérifier si le modèle choisi est facile à entretenir lorsque vient le moment du remplissage. Est-ce que l'abreuvoir se démonte aisément ? Comme on doit nettoyer très souvent ce type d'abreuvoir au cours d'une saison, il est important que cette tâche soit facile à exécuter.

MANGEOIRE À DÉBIT CONTROLÉ

1 panneau en acrylique transparent (vissé aux côtés)

2 bande d'aluminium sur le dessus du toit

3 trou de 6 cm de diamètre muni d'un clapet de 8 cm de diamètre

4 espace de 1,5 cm entre le panneau d'acrylique et le plancher

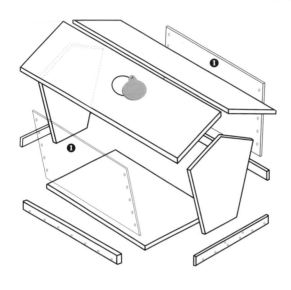

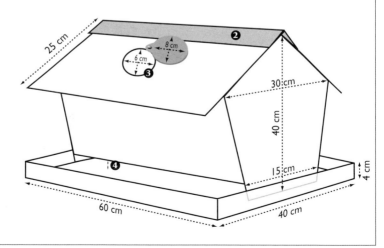

PLATEAU

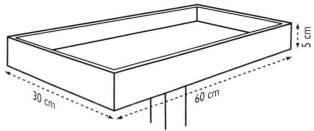

ABRI

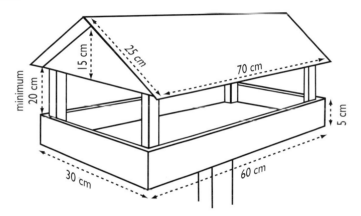

BAIN D'OISEAUX HIVERNAL

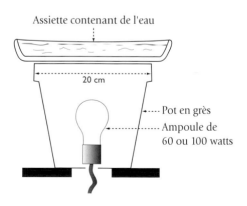

Assiette contenant de l'eau

20 cm

Pot en grès

Ampoule de
60 ou 100 watts

Geai bleu

Offrir un menu
diversifié

Tous ceux qui aménagent un poste d'alimentation près de leur maison pour nourrir les oiseaux poursuivent le même objectif : attirer le plus d'oiseaux possible appartenant à plusieurs espèces différentes. De la variété et de nombreux visiteurs !

Pour que tous les convives y trouvent leur compte, il faut élaborer un menu varié. Dans la nature, chaque espèce a des préférences alimentaires bien particulières et il faut offrir des aliments différents si l'on veut satisfaire plusieurs types de visiteurs.

Pic chevelu ♂ et Chardonneret jaune ♂

Malgré tout, il est possible d'attirer beaucoup d'oiseaux avec un menu de base relativement simple : tournesol noir, millet blanc, maïs concassé et suif de bœuf. Voilà ! La table est mise et elle saura plaire à plusieurs, que ce soit les Gros-bec errants et leur insatiable appétit pour le tournesol, les bruants qui affectionnent particulièrement le millet blanc, la Tourterelle triste qui aime bien y aller d'un petit repas de maïs ou les pics qui savent si bien tirer profit du suif installé à leur intention.

Évidemment, on peut toujours varier le menu et ajouter d'autres aliments. Une mangeoire remplie de chardon fait le délice des Chardonnerets jaunes, des Tarins des pins ou des Sizerins flammés qui passent dans le coin. Des noix hachées fournissent une dose d'énergie supplémentaire aux mésanges pendant les grands froids d'hiver, tandis que le carthame permet d'aménager un petit coin pour cet hôte brillamment coloré qu'est le Cardinal rouge. Et que dire de quelques arachides en écale en automne, période au cours de laquelle les déplacements sont nombreux chez les Geais bleus qui résistent rarement à l'idée d'en manger quelques-unes !

On varie le menu selon les saisons et selon le départ ou l'arrivée de nouvelles espèces. Le printemps venu, on peut ainsi enlever le suif et ajouter un abreuvoir pour les colibris, qui sont habituellement de retour au mois de mai. On peut ainsi admirer chez soi, jusqu'en septembre, les prouesses aériennes de ces extraordinaires petits oiseaux.

Bref, le menu de base peut être complété au fil des saisons ou selon l'affluence et les préférences alimentaires des visiteurs.

Carouge à épaulettes ♂

Le menu
de base

LE TOURNESOL

Le tournesol *(Helianthus sp.)* constitue l'aliment indispensable dans tout poste d'alimentation. Cette graine riche en huile est la plus nutritive que l'on puisse offrir aux oiseaux. On trouve sur le marché deux principaux types de graines de tournesol : la petite graine noire et la graine rayée. Cette dernière a une écale plus grosse et plus dure que celle du tournesol noir. Les espèces ayant un bec puissant peuvent l'ouvrir facilement. Il est d'ailleurs assez fascinant de voir avec quelle aisance un Gros-bec errant peut extraire le contenu d'une graine de tournesol en la manipulant avec son bec.

Tournesol noir

Tournesol rayé

Quant aux espèces dont le bec est plus petit, ils fouillent le sol à la recherche de petits morceaux tombés sous la mangeoire. On peut aussi leur offrir du tournesol écalé ou émietté, mais il est plus simple et plus économique de servir du tournesol noir aux mangeoires. Plus riches en huile que les graines rayées, les graines de tournesol noir ont une enveloppe mince, ce qui permet aux oiseaux au bec plus petit de se nourrir de cet aliment de choix. Le tournesol noir fait les délices des Chardonnerets jaunes, des Tarins des pins et des Sizerins flammés. On pourrait presque offrir uniquement cette graine, car cet aliment nutritif est consommé par une grande variété d'oiseaux qui fréquentent assidûment les mangeoires.

Les oiseaux qui en mangent :
Ceux qui en raffolent : le Cardinal à poitrine rose, le Cardinal rouge, le Geai bleu, le Gros-bec errant, la

Mésange à tête noire, la Mésange à tête brune, la Mésange bicolore, le Roselin familier, le Roselin pourpré, la Sittelle à poitrine blanche, la Sittelle à poitrine rousse, la Tourterelle triste et le Moineau domestique.

Les autres : le Bec-croisé des sapins, le Bec-croisé bifascié, le Chardonneret jaune, le Tarin des pins, le Durbec des sapins, le Junco ardoisé, les différentes espèces de pics, le Sizerin flammé, le Sizerin blanchâtre et le Quiscale bronzé.

Comment l'offrir :

Dans pratiquement tous les types de mangeoires, que ce soit des mangeoires à débit contrôlé, des silos, des plateaux ou des abris.

Bruant familier

LE MILLET BLANC

Cette petite graine ronde doit, elle aussi, figurer au menu de tous les postes d'alimentation. Très populaire chez les espèces qui possèdent

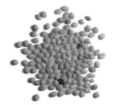

un petit bec et qui ne peuvent se nourrir facilement des graines de tournesol, le millet blanc (*Panicum miliaceum*) est très nutritif, notamment parce qu'il contient une grande quantité d'hydrates de carbone. Outre le millet blanc, on retrouve aussi le millet rouge qui, lui aussi, est apprécié des oiseaux, ainsi que le millet jaune, le moins recherché des trois par les visiteurs des mangeoires.

Les oiseaux qui en mangent :

Ceux qui en raffolent : les différentes espèces de bruants, le Cardinal rouge, le Junco ardoisé, le Roselin familier, le Roselin pourpré, la Tourterelle triste, le Moineau domestique et le Vacher à tête brune.
Les autres : le Chardonneret jaune, le Tarin des pins, le Sizerin flammé, le Sizerin blanchâtre, le Carouge à épaulettes et le Pigeon biset.

Comment l'offrir :

Dans une mangeoire à débit contrôlé, un plateau ou un abri. On peut toujours en jeter au sol ou sur la neige en hiver. De toutes façons, il en tombera par terre où les oiseaux s'en nourriront, que ce soit ceux qui n'ont pas de place dans la mangeoire ou ceux qui, comme les bruants, préfèrent manger au sol.

Geai bleu

LE MAÏS

Aux mangeoires, il s'agit de la céréale préférée des oiseaux et elle doit être au menu de tous les postes d'alimentation. On trouve le maïs sous différentes formes : concassé, entier ou sur épi. Le maïs entier est très prisé des espèces au bec fort, notamment le Geai bleu, le Cardinal rouge et la Corneille d'Amérique. Il est cependant préférable d'offrir le maïs concassé si l'on souhaite satisfaire un grand nombre d'espèces différentes, dont celles ayant un bec plus petit et qui, par conséquent, ne peuvent écraser facilement les grains de maïs entier.

Les oiseaux qui en mangent :

Ceux qui en raffolent : le Cardinal rouge, le Geai bleu, le Pigeon biset, la Tourterelle triste, le Carouge à épaulettes, le Vacher à tête brune et le Quiscale bronzé.
Les autres : le Bec-croisé des sapins, le Bec-croisé bifascié, les bruants, la Gélinotte huppée, le Junco ardoisé, les moqueurs, la Perdrix grise, plusieurs espèces de pics, l'Étourneau sansonnet et le Moineau domestique.

Comment l'offrir :

Dans un plateau, recouvert ou non, ou encore au sol. Toutefois, il ne faut jamais le placer dans une mangeoire à débit contrôlé, car l'humidité le transformerait vite en une masse compacte bloquant l'écoulement de la nourriture.

Maïs entier

Maïs concassé

LE SUIF DE BŒUF

Le suif est le quatrième aliment de base qui doit figurer au menu de tout poste d'alimentation. Riche en calories, il a une très grande valeur nutritive. Il s'agit par conséquent d'un excellent carburant, contribuant à maintenir le métabolisme des oiseaux très élevé. Les pics en raffolent, tout comme d'autres oiseaux plutôt insectivores en été, comme les mésanges et les sittelles. C'est aussi ce que mangera une paruline s'attardant à une mangeoire.

Facile à trouver chez le boucher, le suif de bœuf est offert tel quel. Il n'est surtout pas nécessaire de le faire fondre avant de l'offrir aux oiseaux. Le principal élément à vérifier, c'est la température. On évite de l'offrir lorsqu'il fait trop chaud, car il a tendance à rancir. Le suif se conserve mieux lorsque la température se maintient sous le point de congélation. Comme substitut, on peut conserver de la graisse de bacon ou encore du saindoux; on en badigeonne ensuite différentes surfaces, comme l'écorce d'un rondin sur lequel on souhaite nourrir un Grimpereau brun.

Les oiseaux qui en mangent:

Ceux qui en raffolent: le Mésangeai du Canada, le Grimpereau brun, les pics, les mésanges, les sittelles et les différentes espèces de troglodytes. Les autres: le Cardinal à poitrine rose, le Geai bleu, le Junco ardoisé, le Moqueur polyglotte et l'Étourneau sansonnet.

Comment l'offrir:

Il suffit de le placer, tel quel, dans un petit sac en filet (comme celui dans lequel on vend les oignons) et de suspendre le tout. On peut aussi acheter un petit support grillagé en prenant soin de choisir un modèle dont les broches sont recouvertes de vinyle.

Pic chevelu ♂

On trouve sur le marché de la poudre qui permet de fabriquer du nectar pour les colibris. Cependant, il est d'une simplicité désarmante de préparer soi-même une telle solution. Il suffit de mélanger une partie de sucre (du sucre blanc et surtout pas de miel) dans quatre parties d'eau (1 tasse de sucre dans 4 tasses d'eau) et de faire bouillir le tout de deux à trois minutes afin de diminuer les possibilités de fermentation. Il n'est pas nécessaire d'ajouter du colorant à cette solution dans l'espoir d'attirer davantage l'attention des colibris, d'autant plus que ce colorant pourrait être dommageable pour les oiseaux. Après avoir préparé ainsi le « nectar », on peut en garder une réserve au réfrigérateur afin d'en avoir toujours à sa disposition au cours de l'été.

L'Oriole de Baltimore apprécie aussi ce type de solution sucrée. Il faut cependant choisir un abreuvoir ayant un perchoir et des ouvertures assez grandes pour que cet oiseau puisse s'y désaltérer. On retrouve dans les magasins des abreuvoirs spécialement conçus pour cette espèce.

Colibri à gorge rubis ♂

Des ajouts
au menu

LE CHARDON

Cette petite graine noire, très riche en huile, constitue un véritable régal pour les Chardonnerets jaunes qui s'en délectent à l'année. Il s'agit d'ailleurs d'une excellente façon de s'assurer de la présence de cet oiseau pendant tout l'été. Importées d'Afrique et d'Asie, les graines de chardon *(Guizotia abyssinica)* sont traitées de manière à ce que la plante

n'envahisse pas les pelouses près des mangeoires. De toutes façons, notre climat ne favorise pas la propagation de cette plante, qu'il ne faut pas confondre avec le chardon poussant à l'état sauvage dans nos régions.

Les oiseaux qui en mangent :
Ceux qui en raffolent : le Chardonneret jaune, le Tarin des pins, le Roselin familier, le Roselin pourpré, le Sizerin flammé et le Sizerin blanchâtre.
Les autres : les différentes espèces de bruants, le Tohi à flancs roux, la Tourterelle triste, le Junco ardoisé, la Mésange à tête noire et la Mésange bicolore.

Comment l'offrir :
Bien qu'on puisse l'offrir dans un plateau ou dans tous les types de mangeoires à débit contrôlé et de silos classiques, on recommande d'utiliser des mangeoires spécialement conçues à cette fin et pourvues de petites ouvertures d'où les oiseaux ne peuvent extraire qu'une seule graine à la fois. Certains modèles ont même un perchoir situé au-dessus de l'ouverture plutôt qu'en

Chardonnerets jaunes

Roselin familier ♂

dessous ; il est alors amusant de voir les chardonnerets, suspendus par les pattes, la tête en bas, se nourrir tout en défendant énergiquement leur place sur la mangeoire.

LE COLZA

Peu connue, la graine de colza (*Brassica rapa*) est pourtant très intéressante, notamment lorsqu'il y a beaucoup d'oiseaux aux mangeoires. Il s'agit en effet d'une excellente façon de répartir entre deux mangeoires les Moineaux domestiques et les Roselins familiers, et d'accueillir

tout le monde. Il suffit de mettre du colza dans l'une d'elles pour que les roselins s'y donnent rendez-vous. Contenant beaucoup d'huile, tout comme le tournesol et le chardon, le colza constitue un substitut intéressant et peut aussi être utilisé afin de transformer une mangeoire en « salle d'attente » pour chardonnerets et autres oiseaux friands de chardon. Attention à la pelouse, car les graines de colza germent très facilement.

Les oiseaux qui en mangent :

Ceux qui en raffolent : peu d'oiseaux en raffolent, mais certains semblent tout de même l'apprécier, notamment le Pigeon biset, l'Alouette hausse-col et le Roselin familier.
Les autres : le Chardonneret jaune, le Roselin pourpré, le Sizerin flammé, le Sizerin blanchâtre, le Tarin des pins, le Gros-bec errant et la Tourterelle triste.

Comment l'offrir :

Idéalement, on offre le colza dans une mangeoire à débit contrôlé ou un silo, mais on peut aussi en présenter dans un plateau ou un abri.

Tourterelle triste

L'ALPISTE

Petite graine blanche allongée, l'alpiste (*Phalaris canariensis*) est très apprécié des espèces au bec petit et fin, notamment le Junco ardoisé et les bruants. Il s'agit d'un excellent complément au millet blanc, avec lequel on peut d'ailleurs l'offrir afin de varier un peu le menu.

Les oiseaux qui en mangent :
Ceux qui en raffolent : la plupart des espèces de bruants, le Junco ardoisé, la Tourterelle triste, le Roselin familier, le Roselin pourpré, le Sizerin flammé et le Sizerin blanchâtre.
Les autres : le Cardinal rouge, le Chardonneret jaune, le Tohi à flancs roux, le Carouge à épaulettes et le Moineau domestique.

Comment l'offrir :
Tout comme le millet blanc, on offre l'alpiste dans des mangeoires à débit contrôlé ou des plateaux, qu'ils soient recouverts ou non. De plus, on peut toujours en jeter une petite quantité au sol, sur la neige, afin d'attirer les oiseaux qui hésitent à monter sur un plateau.

LE CARTHAME

Peu connue, cette petite graine blanche (*Carthamus tinctorius*) est consommée surtout par le Cardinal rouge. D'ailleurs, on l'utilise souvent afin d'aménager un petit coin

destiné spécialement à cet oiseau. On l'offre alors dans une mangeoire spécifique, quitte à y mélanger un peu de tournesol noir au début, et on place le tout légèrement à l'écart des autres mangeoires pour favoriser l'accès au site par le cardinal. Lorsque ce dernier a découvert la mangeoire, on peut alors cesser d'y mettre du tournesol. De plus, il semble que les écureuils ne touchent habituellement pas à cette graine, ce qui aide à préserver la tranquillité de ce coin.

Finalement, tout comme dans le cas du tournesol, on peut facilement cultiver cette plante annuelle à proximité des mangeoires car il est facile d'en extraire les graines lorsque les fleurs ont séché, une belle façon d'ajouter une touche colorée au « coin cardinal ».

Les oiseaux qui en mangent :
Ceux qui en raffolent : peu d'oiseaux en raffolent, si ce n'est le Cardinal rouge.
Les autres : la Tourterelle triste, la Mésange bicolore et le Roselin familier.

Comment l'offrir :
Dans un plateau ou une mangeoire à débit contrôlé. Si l'on réserve un petit coin au Cardinal rouge, on peut faire l'essai d'une mangeoire à bascule, réglée selon le poids de ce visiteur. C'est là une autre façon de limiter l'accès à ce coin du terrain au cardinal ou à tout autre oiseau de même poids qui aime bien se nourrir de carthame.

Cardinal rouge ♂

LES GRAINES DE LIN

Les graines de lin (*Linum sp.*) constituent un autre aliment peu connu au menu des postes d'alimentation. Cette petite graine brune, très riche en huile, semble moins appréciée que d'autres par les oiseaux qui fréquentent les mangeoires, bien que le Roselin pourpré et le Chardonneret jaune acceptent volontiers d'en consommer. Les chardonnerets en mangent souvent directement sur les plantes après la floraison,

un peu comme ils le font avec les graines de cosmos, qui agissent comme de véritables aimants dans le jardin en été. Planter des fleurs qui attirent les oiseaux permet d'ailleurs de leur offrir des graines au cours de la saison estivale.

Les oiseaux qui en mangent :

Ceux qui en raffolent : la graine de lin est peu populaire, si ce n'est auprès du Chardonneret jaune et du Roselin pourpré.

Les autres : la Tourterelle triste, le Sizerin flammé et le Durbec des sapins.

Comment l'offrir :

Dans une mangeoire à débit contrôlé, un plateau ou un abri.

LE BLÉ, L'AVOINE ET L'ORGE

Beaucoup moins populaires que le maïs concassé auprès des visiteurs de mangeoires, ces trois céréales suscitent peu d'intérêt chez la majorité des espèces. Elles peuvent toutefois être fort utiles en milieu rural pour attirer certains oiseaux de milieux ouverts, comme la Perdrix grise, l'Alouette hausse-col et le Bruant des neiges.

Blé   Orge

Avoine

Les oiseaux qui en mangent :
Ceux qui en raffolent : le Carouge à épaulettes et le Moineau domestique. Les autres : le Faisan de Colchide, la Gélinotte huppée, la Perdrix grise, la Tourterelle triste, le Pigeon biset, l'Alouette hausse-col, la Corneille d'Amérique, le Quiscale bronzé, le Vacher à tête brune, le Bruant des neiges et le Moineau domestique.

Comment l'offrir :
Offrir au sol ou dans un plateau, mais jamais dans une mangeoire à débit contrôlé afin d'éviter que l'humidité ne transforme les grains en une masse compacte qui bloquerait l'écoulement de la nourriture.

LE SARRASIN

Céréale peu populaire, elle est toutefois utile pour attirer les gallinacés qui visitent les mangeoires.

Les oiseaux qui en mangent :
Ceux qui en raffolent : la Perdrix grise, la Gélinotte huppée et le Faisan de Colchide.
Les autres : la Corneille d'Amérique, l'Alouette hausse-col, le Carouge à épaulettes, le Cardinal rouge, le Quiscale bronzé et la Tourterelle triste.

Comment l'offrir :
Offrir le sarrasin dans un plateau, dans une mangeoire à débit contrôlé ou au sol. On peut aussi en placer sous un petit abri aménagé directement au sol afin d'attirer une gélinotte, une perdrix ou un faisan.

Gélinotte huppée

Sittelle à poitrine rousse

Les oiseaux qui en mangent :
Ceux qui en raffolent :
le Cardinal rouge, la Sittelle à poitrine blanche, la Sittelle à poitrine rousse, la Mésange bicolore et les différentes espèces de pics.
Les autres : la Corneille d'Amérique, le Geai bleu, le Junco ardoisé, la Mésange à tête noire, le Roselin pourpré, le Roselin familier, le Tohi à flancs roux et la Tourterelle triste.

Comment l'offrir :
Dans un plateau ou sous un abri.

LES GRAINES DE CITROUILLE

Nous sommes souvent surpris de voir la quantité de graines qu'il y a à l'intérieur d'une citrouille. À la fin du mois d'octobre, en cette période où ce légume est fort populaire alors qu'on l'utilise pour en faire une décoration d'Halloween ou pour faire des desserts, il est facile de récupérer les graines, de les faire sécher au four pendant quelques minutes à basse température et de les offrir aux oiseaux. Cet aliment est apprécié par la plupart des espèces qui mangent du tournesol. C'est une excellente occasion d'adapter aux saisons le menu offert aux mangeoires.

LES GRAINES MÉLANGÉES (Graines pour oiseaux sauvages)

Les mélanges pour oiseaux constituent tout un monde en soi. En effet, avec la popularité croissante des mangeoires, les produits identifiés comme étant des « graines pour oiseaux sauvages » se sont multipliés sur les tablettes des magasins. Et on y trouve de tout ! Des « Graines mélangées pour oiseaux sauvages », des « Mélanges pour Roselins », des « Mélanges pour Chardonnerets », et plusieurs autres aux noms tous plus évocateurs les uns que les autres.

On pourrait facilement penser qu'il s'agit de verser le contenu d'un de ces sacs dans une mangeoire et que le tour est joué. Or, ce n'est pas si simple, car la qualité de ces mélanges est fort inégale. Dans certains cas, on retrouve dans le même emballage plusieurs produits céréaliers peu consommés par les oiseaux. Certains mélanges, souvent plus coûteux, sont composés d'un meilleur choix d'aliments et représentent un achat plus intéressant.

Dans tous les cas, il faut lire attentivement l'étiquette pour connaître la composition du produit. Un mélange dans lequel on retrouve beaucoup de millet blanc et du maïs est utile dans un plateau pour attirer un grand nombre de visiteurs.

Cependant, il est tout de même plus simple d'acheter les graines séparément et de faire son propre mélange. Celui-ci peut être composé de 50 % de tournesol noir, de 20 % de tournesol rayé, de 15 % de millet blanc, de 10 % de carthame (ou d'alpiste) et de 5 % de maïs concassé. Libre à chacun d'y aller de sa propre recette.

Moineau domestique ♂

Les autres : plusieurs autres oiseaux, selon le contenu du mélange, entre autres la Mésange à tête noire et le Geai bleu.

Comment l'offrir :
Surtout dans des plateaux ou des abris. On peut aussi utiliser une grande mangeoire à débit contrôlé pour les mélanges qui contiennent peu de produits céréaliers, afin d'éviter que ces derniers, sous l'action de l'humidité, ne bloquent l'écoulement de la nourriture.

LES NOIX HACHÉES ET LES ARACHIDES

Riches en protéines, en gras et en éléments minéraux, ces aliments sont très appréciés par les oiseaux qui, surtout par grand froid, y trouvent une excellente source d'énergie. Il est donc intéressant de les offrir en plein cœur de l'hiver, particulièrement lors des vagues de froid qui durent quelques jours et au cours desquelles les oiseaux doivent affronter de longues nuits et des journées plus courtes, où le temps pour s'alimenter est restreint. De plus, offrir des arachides en écale représente une façon infaillible d'attirer des Geais bleus. Ils n'hésiteront pas à en prendre deux ou trois avant de partir les manger ou les cacher sur le terrain.

Geai bleu

Les oiseaux qui en mangent :
Ceux qui en raffolent : tout dépend des aliments contenus dans le mélange. Comme on retrouve souvent des produits céréaliers et du millet, on attirera les différents bruants, la Tourterelle triste, le Carouge à épaulettes, le Vacher à tête brune, le Quiscale bronzé et le Moineau domestique.

Les oiseaux qui en mangent :
Ceux qui en raffolent : le Cardinal à poitrine rose, le Chardonneret jaune, le Geai bleu, la Mésange à tête noire,

la Mésange à tête brune, la Sittelle à poitrine blanche et la Sittelle à poitrine rousse.

Les autres : les différentes espèces de bruants, le Cardinal rouge, le Grimpereau brun, le Gros-bec errant, le Junco ardoisé, le Moqueur polyglotte, les différents pics, le Roselin familier, le Roselin pourpré, le Sizerin flammé et le Quiscale bronzé.

Comment l'offrir :

On peut offrir les arachides en écale tout simplement en les déposant dans un plateau. Par contre, il est préférable de présenter les noix hachées et les arachides dans une mangeoire grillagée, spécialement conçue à cet effet, surtout si on souhaite les réserver uniquement aux oiseaux et non aux écureuils.

LE BEURRE D'ARACHIDE

Il s'agit d'un aliment de choix pour les oiseaux qui apprécient beaucoup cette nourriture riche en énergie. Mésanges, grimpereaux, moqueurs, pics et étourneaux n'hésitent pas à varier leur menu en consommant ce mets. Il s'agit d'ailleurs d'une façon simple de nourrir un Moqueur polyglotte qui a décidé d'hiverner dans le coin ou une Paruline à croupion jaune qui s'attarde au pays.

Certains prétendent que les oiseaux peuvent s'étouffer en mangeant du beurre d'arachide. Mais cette affirmation n'a jamais été prouvée. On conseille toutefois aux personnes qui ont malgré tout des craintes, de mélanger le beurre d'arachide à de la farine de maïs pour diminuer la viscosité de cet aliment. On mélange une partie de beurre d'arachide pour une partie de farine de maïs et on

peut même augmenter la proportion à trois parties de farine de maïs pour une partie de beurre d'arachide. Et, tant qu'à faire dans les recettes, pourquoi ne pas ajouter quelques graines mélangées, du tournesol ou du saindoux ?

Mésange à tête noire

Pic chevelu ♀

Les oiseaux qui en mangent :
Ceux qui en raffolent : le Mésangeai
du Canada, le Grimpereau brun, plusieurs espèces de pics, la Mésange à
tête noire, la Mésange à tête brune,
la Mésange bicolore, la Sittelle à poitrine blanche, la Sittelle à poitrine
rousse et le Moqueur polyglotte.
Les autres : le Geai bleu, le Junco
ardoisé et les rares parulines qui
s'attardent parfois aux mangeoires.

Comment l'offrir :
La meilleure façon, et aussi la plus
simple, consiste à placer le beurre
d'arachide dans des trous percés
dans un petit rondin de bois suspendu à une branche ou à un
poteau. On peut aussi en badigeonner de gros cônes de conifères,
notamment ceux du Pin blanc ou
de l'Épinette de Norvège.

LES « PAINS D'OISEAUX »

Il s'agit de mélanges de suif fondu et
de graines qu'on trouve de plus en
plus sur le marché. Les recettes sont
des plus variées, allant du « Régal
aux pommes » jusqu'au « Festin aux
noix », en passant par les « Délices »
de toutes sortes. En fait, tous ces
petits pâtés sont constitués d'un
aliment gras (habituellement de
suif de bœuf) auquel on ajoute
généralement du millet, du maïs
et un autre « aliment vedette » qui
donne généralement son nom au
produit en question. De plus, dans

certains cas, ces produits sont traités pour être offerts lorsque la température est plus chaude ; il suffit de lire les étiquettes pour s'en assurer. Par ailleurs, il est aussi possible d'en faire soi-même. Il suffit de remplacer le suif par du saindoux et d'y incorporer divers aliments dont des noix, du tournesol, du millet et du maïs.

Les oiseaux qui en mangent :

Ceux qui en raffolent : ce sont pratiquement les mêmes oiseaux que ceux qui mangent du suif, notamment le Grimpereau brun, plusieurs pics, la Mésange à tête noire, la Mésange à tête brune, la Mésange bicolore, la Sittelle à poitrine blanche et la Sittelle à poitrine rousse.
Les autres : le Mésangeai du Canada, le Geai bleu, le Junco ardoisé et le Moqueur polyglotte.

Comment l'offrir :

Facile, il suffit de le placer dans un petit support grillagé vendu habituellement là où on vend les pains d'oiseaux.

LES FRUITS

Peu d'oiseaux veulent bien consommer des fruits offerts aux mangeoires. Il est donc très difficile d'attirer ainsi les espèces frugivores. Bien sûr, on peut offrir des raisins secs, des morceaux de pommes, de

bananes ou encore des canneberges, mais les chances de succès sont très limitées. Merles, jaseurs ou moqueurs préfèrent s'alimenter de fruits qu'ils prennent à même les arbres ou les arbustes. On peut toutefois récolter des fruits en automne, les placer au congélateur et les offrir sur un plateau en hiver.

Jaseur boréal

On aura toutefois beaucoup plus de chances en plantant, à proximité des mangeoires, des arbres ou des arbustes dont les fruits persistent tout au cours de l'hiver. On réussira peut-être ainsi à attirer un Merle d'Amérique en automne ou même un Moqueur polyglotte qui pourrait tenter d'hiverner. De plus, les Durbecs des sapins, les Jaseurs boréaux ou les Jaseurs d'Amérique pourront s'y nourrir.

Finalement, puisqu'il y a toujours une exception qui confirme la règle, on peut offrir des quartiers d'orange aux Orioles de Baltimore du printemps jusqu'au début de l'automne si on habite à proximité d'un endroit où niche cet oiseau.

Les oiseaux qui en mangent :
Ceux qui en raffolent : principalement les espèces frugivores comme le Merle d'Amérique, le Jaseur d'Amérique, le Jaseur boréal et l'Oriole de Baltimore.
Les autres : le Durbec des sapins, le Moqueur polyglotte, le Gros-bec errant, le Cardinal rouge, le Cardinal à poitrine rose, le Geai bleu, le Mésangeai du Canada et les pics.

Comment l'offrir :
On dépose simplement les fruits dans un plateau ou sous un abri. Dans le cas des oranges destinées aux orioles, il suffit de les piquer à une petite planche et de placer le tout bien en vue.

VOTRE PROPRE TEST DE PRÉFÉRENCE

On a beau dire et écrire que tel oiseau préfère telle graine plutôt qu'une autre, qu'un oiseau raffole du millet blanc et qu'il mangera peu de colza, il arrive qu'un oiseau ne réagisse pas comme on s'y attend. En fait, les oiseaux ne lisent pas de livres ou de revues et n'assistent pas à des conférences sur les mangeoires !

Toutes ces données sur les préférences alimentaires sont basées sur de nombreux tests et sur l'expérience de plusieurs personnes, mais il n'en demeure pas moins que les choses peuvent être différentes dans certains cas. D'ailleurs, même si le Gros-bec errant raffole des graines de tournesol, il peut manger d'autres types de graines et même des fruits, à l'occasion.

Par conséquent, rien de tel que de faire ses propres tests. C'est simple et ça permet de s'amuser tout en nourrissant les oiseaux. Il suffit de disposer les graines dans des compartiments séparés et de noter le choix des oiseaux qui se présentent à la mangeoire. De plus, dans le cas de graines moins connues, comme le lin ou le carthame, cela permet de recueillir des données nouvelles sur les habitudes alimentaires des oiseaux.

Habituellement, il est avantageux d'acheter les graines en grandes quantités, surtout dans le cas des aliments préférés des oiseaux comme le tournesol noir, le millet blanc et le maïs. Acheter les graines en sacs de 18 kg, 20 kg ou 25 kg permet de faire des économies substantielles par rapport à l'achat de petits sacs, et on se retrouve ainsi avec une bonne provision. Ainsi le chardon, assez coûteux, est plus économique en grande quantité, ce qui est intéressant si on a des Chardonnerets jaunes toute l'année et lors des hivers où les Tarins des pins ou les Sizerins flammés envahissent les lieux.

De plus, il est recommandé d'entreposer le tout dans un endroit frais et sec. Une grosse poubelle en plastique, fermée avec un couvercle, est fort utile pour placer de grandes quantités de graines de tournesol, de maïs ou de millet blanc. Les grosses poubelles en métal sont utiles pour entreposer les graines dans des endroits visités par de petits rongeurs à la recherche de nourriture. On peut aussi utiliser des seaux d'une vingtaine de litres ; munis d'un couvercle, ils sont pratiques pour entreposer de plus petites quantités. Notons qu'il est préférable de garder le tournesol à l'extérieur de la maison, car ces graines contiennent parfois de petits insectes.

Écureuil roux

Écureuil roux

Les hauts et les bas
de la vie aux mangeoires

On installe souvent des mangeoires en pensant à une ou deux espèces d'oiseaux en particulier. Certains souhaitent attirer des Chardonnerets jaunes, ou des Mésanges à tête noire et des Sittelles à poitrine blanche, alors que d'autres souhaitent ardemment recevoir des bandes de visiteurs comme les Gros-bec errants et les Sizerins flammés. Chacun a donc des attentes et des désirs par rapport aux oiseaux qu'il veut observer à son poste d'alimentation. Ce qui est tout à fait naturel.

Et ce qui est tout aussi naturel, c'est que les oiseaux ne tiennent évidemment pas compte de ces désirs. Une joyeuse troupe de Moineaux domestiques peut très bien accompagner une bande de Gros-bec errants, des Pigeons bisets peuvent se joindre aux Tourterelles tristes et des Étourneaux sansonnets se nourrir du suif destiné aux pics et aux sittelles. De plus, un Écureuil gris qui passe l'hiver dans le coin peut décider de fréquenter les mangeoires pour varier son régime quotidien. Et que dire de cet Épervier brun qui voudra peut-être tirer profit de ce rassemblement d'oiseaux pour en capturer un afin de s'en nourrir par une froide journée d'hiver.

Cardinal rouge ♂

Bref, ce qu'il faut surtout comprendre, c'est qu'en offrant ainsi de la nourriture aux oiseaux, tous sont susceptibles de venir se nourrir, y compris certains mammifères des environs. Dans l'ensemble, il est plutôt irréaliste de penser restreindre l'accès à la nourriture à une ou deux espèces, et empêcher tout mammifère de s'y présenter. Il vaut beaucoup mieux tenter d'accommoder tout le monde et faire en sorte que chacun y trouve son compte, autant les oiseaux que le propriétaire de la mangeoire. Mais avoir une approche plus positive n'empêche pas de recourir à certaines méthodes pour éviter que les mangeoires soient monopolisées par un visiteur en particulier, au détriment des autres.

Comment réagir aux différentes situations qui se produisent au fil du temps ? Comment composer avec les hauts et les bas de la vie quotidienne aux mangeoires ? Des situations qui nous obligent souvent à effectuer certains aménagements afin que tout se passe le plus harmonieusement possible.

Quiscales bronzés

Geai bleu

Peu ou trop
d'oiseaux...

Les premiers visiteurs

En aménageant un poste d'alimentation, on se demande habituellement quand arriveront les premiers visiteurs. Aussitôt la première mangeoire en place, on l'observe attentivement dans l'espoir de voir arriver le premier convive qui voudra bien profiter de cette nourriture disposée à son intention : une attente de longueur variable, allant de quelques heures à quelques jours, selon le moment de l'année et l'emplacement. Il est beaucoup plus facile d'attirer les oiseaux dans un environnement où ils abondent que dans un endroit où ils sont moins nombreux.

Tôt ou tard, les convives finissent par trouver les nouvelles mangeoires. Toutefois, il n'est pas interdit de les aider à les repérer lorsqu'ils parcourent leur territoire à la recherche de nourriture. Une méthode pratiquement infaillible consiste à lancer des miettes de pain au sol ou à les disposer dans un plateau. Facile à voir, le pain attire vite l'attention des premiers visiteurs qui viennent voir de quoi il retourne. Ce rassemblement soudain suscite la plupart du temps la curiosité des autres oiseaux du coin, qui viennent alors faire un tour eux aussi. Bref, c'est en créant de l'activité autour des mangeoires, souvent en attirant des Moineaux domestiques au début, que l'on annonce l'installation d'un poste d'alimentation.

Un plateau central joue un rôle très important pour attirer les oiseaux chez soi. Beaucoup plus facile à repérer qu'une petite mangeoire suspendue à un poteau ou à une branche d'arbre, le plateau permet de présenter le menu offert au poste d'alimentation. On y dépose donc tout l'éventail des aliments disponibles aux mangeoires, que les oiseaux fréquentent par la suite selon leurs goûts respectifs.

En hiver, les petites taches noires des graines de tournesol jetées au sol auront tôt fait d'attirer l'attention des oiseaux du coin ou de passage.

Finalement, il faut retenir que les oiseaux repèrent leur nourriture surtout avec leurs yeux, en explorant minutieusement les divers recoins de leurs territoires respectifs. Il faut donc placer la nourriture et les mangeoires bien en vue si l'on veut leur faciliter la tâche.

En cas de grande affluence

Les oiseaux ayant commencé à fréquenter le poste d'alimentation, il faut adapter les plats en fonction des comportements des différents visiteurs. Certains oiseaux plus gros réclament leur place à la mangeoire et exercent leur domination par rapport à d'autres plus petits, qui laissent alors leur place aux nouveaux arrivants.

La solution la plus simple consiste à satisfaire tout le monde en ajoutant des mangeoires. Quelques petites mangeoires suspendues permettent aux mésanges et aux autres petits oiseaux de se nourrir tandis que les plus gros occupent les grands plateaux et les grandes mangeoires à débit contrôlé. Que ce soit parce qu'ils sont trop gros pour la taille des perchoirs ou incapables de s'agripper à certains modèles de mangeoires suspendues, les plus gros oiseaux — comme les Geais bleus — hésitent à s'y alimenter, surtout s'ils peuvent le faire ailleurs dans l'aisance et le confort. Il s'agit donc de varier les modèles de mangeoires. On peut même, si nécessaire, installer une mangeoire à bascule et la régler pour qu'elle ne soit accessible qu'aux petits oiseaux puisque les

Tamia rayé et Tourterelles tristes

Gros-bec errants

plus gros, en faisant basculer le mécanisme, ferment la trappe sur la nourriture à cause de leur poids.

L'arrivée d'une bande d'oiseaux comptant une cinquantaine d'individus et même, dans certains cas, au-delà d'une centaine, oblige le propriétaire du poste d'alimentation à réaménager le tout pour faire de la place à cette multitude. Pourquoi ne pas installer un ou deux poteaux supplémentaires, à l'automne, quand la terre n'est pas encore gelée, afin d'y suspendre des mangeoires au cours de l'hiver, si nécessaire ? Dans le cas des petits oiseaux comme les Sizerins flammés ou les Tarins des pins, on ajoute quelques mangeoires suspendues ainsi que des plateaux, ce qui permet d'en accueillir beaucoup tout en laissant les visiteurs réguliers continuer de s'alimenter. Les plateaux sont particulièrement utiles pour accueillir des oiseaux grégaires, car ils permettent de recevoir plusieurs convives à la fois et il est simple d'en fabriquer aux dimensions voulues.

Geais bleus

La présence d'un Moqueur polyglotte à un poste d'alimentation crée une situation bien particulière, car cet oiseau a tendance à défendre à tous les autres l'accès aux mangeoires. Cette espèce rare bouleverse grandement la fréquentation aux mangeoires.

On peut cependant tenter de contourner le problème en installant à son intention une petite mangeoire à l'écart des autres. On le confine ainsi dans un secteur du terrain, en prenant bien soin de choisir un endroit d'où il ne verra pas les autres mangeoires pour qu'il n'en chasse pas les oiseaux. Heureusement que ce moqueur a un régime quelque peu différent des autres oiseaux fréquentant les postes d'alimentation. Cela contribue à augmenter nos chances de succès, cet oiseau se nourrissant en effet surtout de fruits et de beurre d'arachide, alors que la plupart des autres mangent plutôt des graines.

Moqueur polyglotte

Autour des palombes

Les prédateurs
emplumés

Des chasseurs diurnes

Il n'y a pas que les Tourterelles tristes qui, au cours des années, ont profité de la popularité grandissante des mangeoires pour hiverner en plus grand nombre dans les régions plus nordiques de leur aire. En effet, il semble bien que l'Épervier brun a lui aussi profité de toutes ces mangeoires qui occasionnent de grands rassemblements d'oiseaux, créant ainsi des sites de chasse particulièrement intéressants pour lui. Pendant que la tourterelle s'intéresse aux graines offertes, l'épervier est plutôt attiré par la tourterelle elle-même... Ce rapace, qui se nourrit principalement d'oiseaux, ne dédaigne pas fréquenter un poste d'alimentation pour y trouver un bon repas de chair fraîche.

Un spectacle tout à fait naturel que la très grande majorité des propriétaires de mangeoires n'apprécie cependant pas. Par contre, il n'y a rien d'autre à faire dans ce cas que de choisir d'assister ou non au spectacle. La seule façon d'intervenir consiste à aménager les environs du poste d'alimentation afin d'offrir des abris aux oiseaux lorsqu'un prédateur se présente dans le secteur. Des conifères, ou encore une haie dense, leur offrent un bon refuge en cas de danger.

L'Épervier brun est probablement l'espèce la plus susceptible d'être observée dans les environs des mangeoires. Bien que relativement rare, il arrive que l'Autour des palombes ne dédaigne pas non plus de chasser près des mangeoires. En hiver, dans les régions méridionales où elle hiverne parfois, la Crécerelle d'Amérique chasse des petits oiseaux aux mangeoires. Bien qu'elle consomme surtout de gros insectes en été, elle doit évidemment changer son régime lorsqu'elle hiverne dans ces coins de pays. Il s'agit du seul faucon observé avec une certaine régularité aux abords des postes d'alimentation.

La Pie-grièche grise constitue un cas particulier puisqu'il ne s'agit pas d'un oiseau de proie, mais plutôt d'un passereau qui en a adopté les mœurs. Cet oiseau, qui niche dans les régions boréales et hiverne dans le sud du pays en nombre variable d'une année à l'autre, ne possède pas de serres, même s'il a le bec crochu comme celui des rapaces. Il lui arrive parfois de chasser près des postes d'alimentation où il capture de petits oiseaux.

Épervier brun et Pic chevelu

Petite Nyctale

Les rôdeurs de la nuit

Par ailleurs, les graines qui tombent par terre attirent des petits rongeurs qui en profitent souvent pour venir fouiller le sol à la recherche de nourriture. Selon les milieux, on peut voir occasionnellement au pied des mangeoires des campagnols, des souris ou des musaraignes.

Une telle activité de la part de ces petits mammifères peut facilement attirer l'attention d'un hibou qui se trouve à proximité. Bien que leur présence soit relativement rare, un Petit-duc maculé, une Petite Nyctale ou une Nyctale de Tengmalm peuvent patrouiller les environs afin de profiter de la présence de proies dans le secteur du poste d'alimentation. Le petit-duc profite d'ailleurs de la présence d'un dortoir de moineaux près d'une mangeoire pour en capturer durant la nuit et s'en nourrir.

Dans l'extrême sud du pays, si un Grand-duc d'Amérique niche près d'un poste d'alimentation fréquenté la nuit par un Lapin à queue blanche, il peut fort bien décider de profiter de ce nouveau terrain de chasse pour venir faire une capture.

Comme ce sont des visiteurs nocturnes, les hiboux sont particulièrement difficiles à observer et il n'est pas facile de savoir si l'un d'eux visite parfois les environs d'un poste d'alimentation. La découverte de boulettes de régurgitation (les restes non digérés des proies consommées) constitue un bon indice de la présence d'un hibou dans le secteur. Durant le jour, ces oiseaux s'abritent habituellement dans des conifères où on les surprend parfois dans leur sommeil.

Voilà un autre visiteur nocturne susceptible de faire de belles razzias dans les mangeoires. Très habile, le Raton laveur tente souvent d'accéder à la nourriture destinée aux oiseaux et il faut être vraiment rusé pour l'en empêcher. Comme pour les écureuils, on bloque l'accès des mangeoires en plaçant des obstacles, qui doivent cependant être de plus grandes dimensions. Un grand seau renversé, installé sur un poteau, l'empêche habituellement d'accéder à la mangeoire. Par ailleurs, contrairement à l'Écureuil gris ou à l'Écureuil roux, il est habituellement en grande partie inactif durant les quelques mois qu'il passe en état de torpeur au cours de la saison hivernale.

Raton laveur

Des visiteurs
tenaces

Les écureuils : des acrobates

Voici de petits mammifères qui laissent bien peu de propriétaires de mangeoires indifférents. La plupart de ceux-ci n'aiment pas du tout les écureuils, qui ont la fâcheuse habitude de s'approprier une mangeoire et d'en vider le contenu. Car l'appétit de ces petits animaux semble insatiable. De plus, bien installés dans une mangeoire, ils empêchent par le fait même les oiseaux de s'y présenter pour se nourrir. Finalement, les écureuils ont aussi tendance à mâchouiller les mangeoires en plastique afin d'en agrandir les ouvertures. Voilà donc pourquoi on suggère d'acheter des mangeoires avec des ouvertures renforcées de métal. Elles sont souvent plus chères à l'achat, mais elles s'avèrent moins coûteuses avec le temps, puisque l'on n'a pas à les changer aussi souvent que les autres modèles.

Écureuil roux

Dans les régions nordiques, ce sont surtout l'Écureuil roux et l'Écureuil gris qu'on observe aux mangeoires, puisqu'ils sont actifs toute l'année. Quant à l'Écureuil noir, qu'on voit dans certaines régions, il ne s'agit pas d'une espèce différente, mais plutôt d'un Écureuil gris à la coloration foncée. Pour sa part, le Tamia rayé fréquente les postes

Écureuil gris

d'alimentation à partir du printemps car, contrairement aux deux autres, il passe l'hiver dans son terrier en état d'hibernation. On le voit parfois se nourrir des graines tombées au pied des mangeoires.

Bien des gens ont déployé de très grands efforts pour empêcher les écureuils de se nourrir à leurs mangeoires. Une lutte qui, dans bien des cas, a pris l'allure d'une véritable « guerre aux écureuils ». Usant des stratégies les plus diverses, ils ont tenté de dissuader ces petits mammifères et de les « embêter » en cherchant notamment à leur bloquer l'accès aux mangeoires. Une lutte sans merci qui, dans bien des cas, a été remportée par les écureuils. Ces petites bêtes sont en effet très habiles et elles finissent souvent par déjouer tous les plans. Par conséquent, il vaut probablement mieux composer avec ce phénomène en tentant de restreindre les petits rongeurs à un secteur donné du poste d'alimentation et en leur consacrant une mangeoire bien à eux.

Quoi qu'il en soit, il y a quand même quelques trucs à essayer, dont l'efficacité est variable, mais qui peuvent donner un peu de fil à retordre à un écureuil qui tente d'atteindre une mangeoire. D'abord, la première précaution à prendre consiste à éloigner les mangeoires des balustrades de balcon et des arbres, pas seulement du tronc, mais aussi des branches qui représentent souvent de beaux tremplins pour les écureuils.

Par ailleurs, suspendre une mangeoire à une branche, comme plusieurs sont portés à le faire, ne constitue vraiment pas une bonne idée. Évidemment, pour en limiter l'accès, on peut placer un obstacle entre la branche et la mangeoire, que ce soit un dôme en plastique ou tout autre objet d'assez grandes dimensions, mais la partie n'est pas gagnée d'avance. Il faut aussi utiliser un fil de fer pour éviter que l'écureuil ne coupe la corde avec ses dents et ne fasse ainsi tomber la mangeoire au sol, où il peut ensuite se nourrir à sa guise. On peut également placer des bouts de tuyaux, ou tout autre objet rond et instable,

◄ Roselins pourprés

sur les fils auxquels sont suspendues les mangeoires, afin de rendre le parcours plus compliqué.

On suggère de graisser le poteau sur lequel la mangeoire est installée et de placer un cône métallique afin de nuire à la progression de l'écureuil. Il faut toutefois que le diamètre du cône soit suffisant pour éviter que l'animal ne le contourne et poursuive son chemin. Un seau renversé, installé sur le poteau à la place d'un cône, donne aussi de bons résultats. En retirant le rebord du seau avant de l'installer, on complique davantage la tâche de l'écureuil en lui enlevant ainsi un support auquel il pourrait s'agripper.

On peut également réduire l'accès de ces rongeurs à un plateau en installant du grillage autour de celui-ci. Les écureuils ne peuvent pas passer à travers le grillage, mais les petits oiseaux y arrivent. Il faut cependant placer la barrière suffisamment loin de la nourriture pour éviter que l'écureuil ne s'étire les pattes et ne se nourrisse malgré tout. Par contre, en agissant ainsi on limite aussi l'accès aux oiseaux plus gros, le plateau représentant pourtant la façon la plus pratique de les attirer au jardin.

Un moyen relativement simple d'empêcher ces petits mammifères de se nourrir à une mangeoire consiste à installer un modèle anti-écureuils, généralement fabriqué en métal. En fait, il s'agit d'une mangeoire dont le mécanisme à bascule bloque l'accès à la nourriture si l'animal, ou l'oiseau qui s'y perche, dépasse le poids déterminé au préalable.

Mésange à tête noire

Au fil du temps, on aura l'occasion de constater à quel point les écureuils sont agiles et habiles pour déjouer tous les plans et venir à bout même des solutions les plus « parfaites ».

Un autre membre de la famille, le Grand Polatouche, pourrait décider lui aussi de profiter des mangeoires et de venir s'y nourrir durant la nuit. Puisqu'il est nocturne, il ne nuit pas aux oiseaux, même si les mangeoires remplies la veille sont moins garnies le matin venu, lorsqu'arrivent les premiers visiteurs emplumés.

Évidemment, pour les gens qui ont eux-mêmes un chat, la solution qui semble la plus simple consiste à garder l'animal à l'intérieur et à lui interdire l'accès à la cour arrière où se trouvent les mangeoires. À la limite, on peut restreindre son univers au patio en bloquant les accès à l'aide de barrières. Par ailleurs, on a longtemps cru qu'il suffisait d'attacher un petit grelot au collier du chat pour limiter le nombre de ses captures. Le grelot en question fait effectivement du bruit lorsque le chat se déplace, ce qui avertit les oiseaux. Mais, a-t-on déjà vu un chat en chasse, ventre à terre, s'approcher d'une proie ? Ce félin bouge avec une agilité si remarquable que les chances sont faibles que le grelot fasse beaucoup de bruit et nuise à l'effet de surprise que tente de provoquer le chat. Lorsque l'oiseau entend le grelot, il est souvent trop tard! Mais puisque le grelot peut tout de même faire un peu de bruit, cela reste néanmoins une méthode à retenir.

Le chat

Enfin, voici quelques mots à propos de ce prédateur si redoutable pour les oiseaux. Chasseur d'une très grande efficacité, le chat est attiré par toute l'activité qui règne au poste d'alimentation. Même s'il est bien nourri, le chat résiste rarement à l'envie de capturer un oiseau, ou toute autre proie qui passe à proximité.

Par contre, il est assez irréaliste de faire le tour du quartier et de demander aux propriétaires de chats de garder leur animal dans la maison ou d'attacher un grelot à leur collier. À moins d'avoir un chat qui ne chasse pas les oiseaux et qui protège son territoire tout en éloignant ses congénères, un chien peut aider à éloigner les félins.

Toutefois, une méthode relativement efficace consiste à ériger une clôture sur le pourtour du terrain. Une clôture en bois, sous laquelle il n'y a pas assez d'espace pour qu'un chat s'y faufile, permet de limiter l'accès au terrain. On peut aussi installer des treillis près des mangeoires afin de protéger le secteur. En choisissant un modèle dont les lattes sont suffisamment espacées, on permet aux oiseaux d'avoir tout de même une bonne vision des environs de la mangeoire et on érige un obstacle qui nuit à la progression d'un chat en chasse.

Une autre mesure préventive consiste à éloigner les mangeoires d'environ trois mètres d'une haie dense ou d'un conifère sous lesquels un chat peut se dissimuler et guetter en attendant de bondir vers un oiseau qui passerait tout près. Il s'agit là d'un exemple illustrant que les conifères plantés pour offrir un abri aux oiseaux peuvent constituer un danger à certains moments.

Bref, il suffit d'observer la configuration de son terrain et de bien évaluer l'emplacement idéal pour les mangeoires, tout en sachant très bien que tout est une question de compromis. Pour éviter de rendre la vie trop facile aux chats, on réduit les cachettes d'où ils peuvent bondir directement sur les oiseaux qui s'alimentent au pied des mangeoires et on installe des obstacles sur leur chemin pour les empêcher d'avancer en silence vers les mangeoires.

Jaseur boréal

Un jardin accueillant *pour les oiseaux*

L'environnement d'un poste d'alimentation contribue grandement à son succès. Il est plus facile d'attirer une foule d'oiseaux dans un endroit où il y a beaucoup d'arbres et d'arbustes. Et il ne s'agit pas uniquement de ceux qu'il y a sur son propre terrain, mais aussi de ceux qui poussent sur les terrains adjacents ou dans les parcs avoisinants.

Un quartier où il y a beaucoup de végétation satisfait aux exigences de plusieurs oiseaux plutôt qu'un nouveau quartier résidentiel où la végétation est souvent plus jeune et moins abondante. À la campagne, des arbres et des arbustes à proximité du poste d'alimentation transforment un terrain en une oasis que les oiseaux fréquentent assidûment.

L'environnement immédiat des mangeoires joue aussi un rôle important. Une bonne variété d'arbres et d'arbustes permet aux oiseaux de se percher ou de se réfugier en cas de danger. Certaines espèces, comme la Mésange à tête noire, ne s'attardent pas à la mangeoire quand elles viennent s'y nourrir. Cet oiseau préfère plutôt prendre une graine, aller se percher dans un arbre voisin pour l'ouvrir et la manger, avant de retourner en chercher une autre. Un va-et-vient incessant que l'on observe à loisir quand la mésange peut se percher à proximité. Un arbre sert aussi de salle d'attente lorsque les convives sont trop nombreux ou, dans certains cas, trop intimidants.

Gros-bec errant ♀

En cas d'attaque de la part d'un prédateur, un grand conifère fournit un bon abri aux oiseaux qui peuvent s'y réfugier pour échapper au danger. Les conifères sont donc importants à proximité des mangeoires. D'ailleurs, rien de tel qu'une haie de thuyas (cèdres) aux limites du terrain. Les oiseaux y trouvent autant un refuge contre l'ennemi, qu'un abri pour y nicher durant l'été, sans compter qu'il s'agit aussi d'une excellente barrière contre les vents dominants en hiver.

Une végétation diversifiée

Un aménagement paysager varié permet d'attirer un grand nombre d'oiseaux. Tant qu'à aménager le terrain, pourquoi ne pas choisir des arbres, des arbustes et des fleurs qui offrent aussi de la nourriture aux oiseaux? C'est une excellente façon de joindre l'utile à l'agréable, d'allier le plaisir de profiter d'un bel environnement à celui d'observer les oiseaux à loisir. D'autant plus que l'amateur d'horticulture y trouvera son compte.

Bruant chanteur

Durbec des sapins ♂

Avant de se rendre dans un centre jardinier pour acheter les végétaux nécessaires à l'aménagement du jardin, il est important de bien planifier. Le but : avoir un jardin accueillant durant plusieurs mois. Douze mois par année ? C'est possible si on fait les bons choix. Bien qu'on pense immédiatement aux conifères, certaines plantes herbacées qui produisent des graines, comme les échinacées, peuvent demeurer au jardin tout l'hiver.

Et que dire aussi des arbres fruitiers ! En faisant un choix judicieux, on pourra offrir des fruits aux oiseaux du voisinage durant une bonne partie de l'année, sans compter le fait que ces arbres produisent généralement de belles fleurs au printemps.

Les cerisiers offrent d'ailleurs un bel exemple de fructifications successives. En été, les fruits rouges du Cerisier de Pennsylvanie (*Prunus pennsylvanica*) sont fort prisés des oiseaux qui viennent se nourrir dans cet arbre de taille moyenne. Plus tard en saison, vers la fin de l'été, les Jaseurs d'Amérique s'offrent un véritable festin dans les Cerisiers de Virginie (*Prunus virginiana*) couverts de fruits foncés. Aussi connu sous le nom de « Cerisier à grappes », ce petit arbre attire à coup sûr les oiseaux frugivores du coin qui profitent ainsi de cette nourriture abondante.

En automne, c'est au tour du Cerisier tardif, ou « Cerisier d'automne » (*Prunus serotina*), d'être visité par les oiseaux qui veulent profiter des nombreux fruits noirs suspendus aux branches de ce grand arbre.

Bref, un jardin accueillant pour les oiseaux comptera quelques arbres de tailles diverses, plusieurs arbustes et une grande variété de plantes herbacées. Sans oublier les plantes grimpantes, fort utiles pour ajouter de la végétation sur un petit terrain et pour exploiter au maximum l'espace disponible.

Les arbres au jardin

Même si on déplore souvent la petite taille des terrains de ville, il est possible de planter quelques arbres autour desquels on « construira » l'aménagement. Bien peu de gens ont en effet l'espace nécessaire pour avoir plusieurs grands arbres, comme un Érable à sucre, sur leur terrain. Toutefois, on peut habituellement planter un arbre de grande taille et y associer quelques arbres plus petits.

Du nombre, mentionnons les pommetiers décoratifs (*Malus* spp.), qui présentent un magnifique spectacle au moment de leur abondante floraison printanière et fournissent par la suite des petits fruits qui persistent une bonne partie de l'hiver. Les sorbiers (*Sorbus* spp.) aussi méritent une place au jardin, eux dont les fruits, disponibles dès la fin de l'été, persistent une partie de l'hiver et sont très appréciés des merles ou des jaseurs.

On s'assurera que les conifères tout autant que les feuillus auront une place de choix au jardin. Avec la grande diversité de cultivars qu'on trouve dans le commerce, il est très facile d'en intégrer quelques-uns à l'aménagement.

Cardinal à poitrine rose ♀

Des arbres pour le gîte et le « couvert »

CONIFÈRES

- Épinettes (*Picea* spp.)
- Pins (*Pinus* spp.)
- Sapin baumier (*Abies balsamea*)
- Mélèze laricin (*Larix laricina*)
- Pruche du Canada (*Tsuga canadensis*)
- Thuya occidental (*Thuya occidentalis*)

FEUILLUS

- Aulne rugueux (*Alnus rugosa*)
- Bouleaux (*Betula* spp.)
- Chênes (*Quercus* spp.)
- Érables (*Acer* spp.)
- Frênes (*Fraxinus* spp.)

Des arbres pour leurs fruits

CONIFÈRES

- Genévrier de Virginie (*Juniperus virginianus*)
- If du Canada (*Taxus canadensis*)

FEUILLUS

- Cerisier de Virginie (*Prunus virginiana*)
- Cerisier de Pennsylvanie (*Prunus pennsylvanica*)
- Cerisier tardif (*Prunus serotina*)
- Olivier de Bohême (*Elaeagnus angustifolia*)
- Pommetiers (*Malus* spp.)
- Sorbiers (*Sorbus* spp.)
- Aubépine (*Crataegus* spp.)
- Sumac vinaigrier (*Rhus typhina*)

Étourneau sansonnet

Des arbustes pour les oiseaux

Si l'espace est souvent restreint pour les grands arbres, il en va tout autrement pour les arbustes. Plus petits, ceux-ci prennent beaucoup moins de place et on peut en planter plusieurs, pour leurs fruits ou leurs fleurs. En effet, certains, comme les weigelas, ont de belles floraisons printanières. Fait intéressant, ils fleurissent relativement tôt en saison et permettent d'avoir des fleurs dès la fin de mai.

Toutefois, c'est souvent pour leurs fruits qu'on pense aux arbustes puisqu'il s'agit d'une façon particulièrement efficace d'attirer des espèces frugivores chez soi. Et, puisque les arbustes sont plus petits que les arbres, on peut en avoir plusieurs qui produisent des fruits à des moments différents. Ainsi, on aura un jardin attrayant pendant plusieurs semaines, de la fin de l'été avec l'amélanchier et les sureaux jusqu'en hiver grâce à la Viorne trilobée et d'autres arbustes.

Bref, un jardin d'oiseaux bien conçu comptera plusieurs arbustes, qui constituent les principales sources de diversité chez les plantes ligneuses, même si l'espace est restreint. Et l'ajout d'une strate arbustive diversifiée au jardin est important pour qui veut accueillir des oiseaux chez soi.

Mésange à tête noire

Merle d'Amérique

Des arbustes pour les colibris

- Azalées et rhododendrons (*Rhododendron* spp.)
- Weigelas (*Weigela* spp.)

Des arbustes pour leurs fruits

ÉTÉ ET AUTOMNE

- Amélanchier du Canada (*Amelanchier canadensis*)
- Sureaux (*Sambucus* spp.)
- Viorne à feuilles d'aulne (*Viburnum lantanoïdes*)
- Viorne cassinoïde (*Viburnum cassinoides*)
- Chèvrefeuilles (*Lonicera* spp.)
- Cournouiller à feuilles alternes (*Cornus alter nifolia*)

FRUITS PERSISTANTS EN HIVER

- Aronie noire (*Aronia melanocarpa*)
- Houx verticillé (*Ilex verticillata*)
- Nerprun à feuilles de capillaire (*Rhamus frangula*)
- Mahonia à feuilles de houx (*Mahonia aquifolium*)
- Viorne trilobée (*Viburnum trilobum*)
- Rosiers (*Rosa* spp.)
- Épine-vinette de Thunberg (*Beberis thunbergii*)

Des fleurs pour les colibris et les oiseaux granivores

Si les arbres et les arbustes représentent la charpente du jardin, c'est souvent avec les plantes herbacées qu'on ajoute la touche décorative finale. Ici, nous sommes au royaume de la diversité, tant pour la taille des plantes que pour leur floraison ou encore pour la vaste palette de couleurs disponibles.

Même si on dit souvent qu'il faut avoir des fleurs tubulaires rouges pour attirer les colibris, il n'est pas nécessaire d'avoir un jardin écarlate… En effet, les fleurs ne sont pas seulement intéressantes pour attirer les colibris, mais elles sont aussi très utiles pour offrir des graines aux oiseaux. Et il ne faut pas oublier que les colibris se nourrissent aussi dans des fleurs qui ne sont pas rouges ou orangées.

Chardonneret jaune ♂

Bruant chanteur

On peut également planter des herbacées pour offrir des fruits aux oiseaux. L'Actée rouge (*Actaea rubra*), une plante de sous-bois indigène, produit effectivement beaucoup de petits fruits rouges qui sont fort appréciés des oiseaux, mais toxiques pour les humains.

Donc, tout comme pour les arbustes et les arbres, il faut penser avant tout à la diversité en choisissant les plantes herbacées de manière que le jardin soit attrayant le plus longtemps possible, du printemps jusqu'aux gelées automnales et même au-delà. Tout en étant très décoratives en hiver, les graminées et d'autres plantes qui produisent des graines permettent d'avoir un terrain accueillant toute l'année.

En combinant des plantes annuelles et des plantes vivaces, on pourra avoir un jardin intéressant. Toutefois, si les annuelles fleurissent abondamment durant toute la saison estivale, il ne faut pas oublier, avec les vivaces, de bien planifier l'aménagement des plates-bandes en fonction de la succession des floraisons si on souhaite avoir des fleurs durant plusieurs semaines

Des fleurs pour les colibris

ANNUELLES

- Fushias (*Fushias* spp.)
- Nicotine (*Nicotia* spp.)
- Sauge (*Salvia* spp.)
- Muffliers (*Antirrhinum* spp.)
- Cannas (*Canna spp.*, bulbe tendre)
- Crocosmias (*Crocosmias* spp., bulbe tendre)

VIVACES

- Ancolies (*Aquilegia* spp.)
- Cœur-saignant (*Dicentra spectabilis*)
- Digitale (*Digitalis* spp.)
- Lobélie du Cardinal (*Lobelia cardinalis*)
- Lychnide (*Lychnis* spp.)
- Monarde (*Monarda didyma*)
- Penstemon (*Penstemon* spp.)
- Hostas (*Hosta* spp.)
- Hémérocalles (*Hémérocallis* spp.)

Des fleurs pour les oiseaux granivores

ANNUELLES

- Cosmos (*Cosmos* spp.)
- Tournesols (*Helianthus* spp.)
- Titonia (*Titonia* spp.)
- Zinnias (*Zinnia* spp.)
- Rose trémière (*Alcea rosea*)
- Calendulas (*Calendulas* spp.)
- Graminées annuelles diverses

VIVACES

- Chardons (*Echinops* spp.)
- Rudbeckies (*Rudbeckia* spp.)
- Échinacées (*Echinacea* spp.)
- Liatris (*Liatris* spp.)
- Véronique (*Veronica* spp.)
- Lin (*Linum* spp.)
- Heliopsis (*Heliopsis* spp.)
- Achillées (*Achillea* spp.)
- Graminées vivaces diverses

Colibri à gorge rubis ♂

Des plantes grimpantes

Les plantes grimpantes méritent amplement qu'on leur fasse une place au jardin, pour attirer les colibris ou des oiseaux frugivores. Certaines, comme le Célastre grimpant, produisent beaucoup de petits fruits très appréciés par les jaseurs et d'autres oiseaux frugivores.

De plus, ces plantes sont très utiles pour cacher des éléments peu esthétiques. Des Haricots d'Espagne auront vite faite de recouvrir une clôture de métal, et leurs fleurs feront la joie des colibris du voisinage.

Suggestions de plantes grimpantes

Pour leurs fleurs

ANNUELLES
- Haricot d'Espagne (*Phaseolus* spp.)
- Gloire du matin (*Ipomea* spp.)
- Pois de senteur (*Lathyrus* spp.)
- Cardinal grimpant (*Ipomea quamoclit*)

VIVACES
- Chèvrefeuille grimpant (*Lonicera x brownii* « Dropmore Scarlet »)
- Bignone (*Campsis radicans*)
- Clématites (*Clematis* spp.)

Pour leurs fruits

- Célastre grimpant (*Celastrus scandens*)
- Parthénocisse à cinq folioles (*Parthenocissus quinquefolia*)
- Vigne des rivages (*Vitis riparia*)

Aux mangeoires

espèce par espèce

PERDRIX GRISE

Perdix perdix
Gray Partridge

Taille : 31 - 33 cm

 IDENTIFICATION

Gallinacé rondelet qui ressemble à une petite poule grise. Le fer à cheval marron sur le ventre du mâle caractérise l'espèce. Noter aussi la couleur rouille sur la tête et la face du mâle. La femelle se distingue du mâle par la couleur délavée de la face et l'absence de tache ventrale. En vol, noter la queue courte, rousse sur les côtés, facile à voir chez les oiseaux qui s'envolent. **Voix :** Cri rauque ; caquette également à l'envol.

HABITAT

S'observe plus facilement en hiver, sur la neige, quand les perdrix se regroupent en petites bandes et fréquentent les champs cultivés où elles nicheront la saison suivante.

RÉPARTITION

Originaire d'Eurasie, elle a été introduite au Québec où elle habite maintenant en permanence, de l'Outaouais à la Beauce. Établie également à l'Île-du-Prince-Édouard et en Nouvelle-Écosse.

📷 PRÉSENCE AUX MANGEOIRES

Présente surtout en hiver et au début du printemps. Peu commune, cette espèce n'est pas une habituée des postes d'alimentation puisqu'il faut demeurer à la campagne, près d'un champ, pour espérer l'attirer chez soi. Sa présence risque d'être très irrégulière.

🏠 MANGEOIRE PRÉFÉRÉE

S'alimente surtout au sol.

📷 ALIMENTATION

Le régime alimentaire des adultes est principalement constitué de graminées, de trèfle et de mauvaises herbes ; les jeunes se nourrissent surtout d'insectes.

AUX MANGEOIRES

La Perdrix grise préfère le maïs concassé et les graines mélangées. Elle mange aussi du millet blanc et diverses céréales, dont le maïs entier, l'orge, le blé, l'avoine et le sarrasin.

Elle vit en milieu rural. En hiver, les perdrix se rassemblent en petites bandes comptant une dizaine d'individus, parfois un peu plus. Ainsi regroupées, elles fréquentent souvent les abords des fermes ; on les observe notamment à proximité des silos où elles s'alimentent des grains tombés au sol. En leur offrant la nourriture appropriée, il est possible de les attirer dans un secteur du poste d'alimentation qui leur serait consacré ; un endroit qu'elles visiteront par la suite lors de leurs pérégrinations quotidiennes à la recherche de nourriture.

| JANV. | FÉVR. | MARS | AVRIL | MAI | JUIN | JUILL. | AOÛT | SEPT. | OCT. | NOV. | DÉC. |

FAISAN DE COLCHIDE

Phasianus colchicus
Ring-necked Pheasant

Taille : 46 - 91 cm

♂

♀

IDENTIFICATION

Gros gallinacé brunâtre. La queue effilée est très longue, particulièrement chez le mâle. Noter le plumage bronzé ainsi que le collier blanc du mâle, dont la tête verte est ornée de caroncules rouges. La femelle brunâtre n'a pas la tête colorée du mâle. En vol, on remarque la longue queue ainsi que les ailes courtes et arrondies. **Voix :** Un coup de klaxon fort et rauque, *koork kook*, émis de façon sporadique durant la saison de reproduction.

HABITAT

Fréquente les champs cultivés, l'orée des bois et les terrains broussailleux où il se déplace en marchant dans la végétation.

RÉPARTITION

Quelques mentions de nidification ont déjà été enregistrées dans les régions de Montréal, de l'Outaouais et de l'Estrie. Acclimaté dans le sud-ouest de la Nouvelle-Écosse, dans l'isthme de Chignectou, dans l'ouest du Nouveau-Brunswick et localement à l'Île-du-Prince-Édouard.

▓ PRÉSENCE AUX MANGEOIRES

Fréquente les mangeoires à l'année s'il y trouve la nourriture appropriée ; plus discret pendant la saison de nidification. Un autre pic qui fréquente assidûment les postes d'alimentation, surtout en hiver. On observe parfois le mâle et la femelle ensemble, bien qu'on puisse voir aussi un seul Pic chevelu à la fois, surtout en milieu plus urbanisé.

▓ MANGEOIRES PRÉFÉRÉES

S'alimente principalement aux présentoirs utilisés pour le suif de bœuf, le beurre d'arachide et les pains d'oiseaux.

▓ ALIMENTATION

Se nourrit essentiellement de larves de coléoptères qui creusent des galeries sous l'écorce et dans les troncs. Mâle et femelle s'alimentent différemment : la femelle soulève des morceaux d'écorce en donnant, de côté, des petits coups de bec réguliers, tandis que le mâle frappe le tronc perpendiculairement pour rejoindre les insectes logés plus profondément.

AUX MANGEOIRES

Le Pic chevelu préfère nettement le suif de bœuf, les pains d'oiseaux et le beurre d'arachide. Il mange aussi, à l'occasion, du tournesol (noir ou rayé), des noix, des arachides et du maïs entier. Parfois, il fouille aussi parmi les graines mélangées afin d'y trouver ce qu'il aime.

Contrairement au Pic mineur, le Pic chevelu se joint rarement à des bandes composées d'autres espèces pour chercher sa nourriture en hiver. Le mâle et la femelle parcourent plutôt leur territoire ensemble et fréquentent assidûment les mangeoires qui y sont installées. Ils s'arrangent bien de la présence des autres oiseaux, mais réagissent vivement à l'arrivée d'un autre Pic chevelu à qui ils font rapidement savoir qu'il vient d'entrer sur leur territoire.

JANV. FÉVR. MARS AVRIL MAI JUIN JUILL. AOÛT SEPT. OCT. NOV. DÉC.

PIC FLAMBOYANT

Colaptes auratus
Northern Flicker

Taille : 31 - 35 cm

IDENTIFICATION

Pic de bonne taille, aux formes arrondies et aux couleurs dans les tons de café et de beige. Croupion blanc bien visible en vol. Noter aussi la tache rouge sur la nuque et les moustaches noires, absentes chez la femelle. La poitrine est fortement tachetée et marquée d'une large bande noire sur le haut. En vol, outre le croupion blanc, noter le dessous doré des ailes et de la queue. **Voix :** Série de *ouic ouic ouic ouic* forts et répétés, plus doux que chez le Grand Pic ; des *ouîk* plus allongés et un *quiou* perçant.

HABITAT

Niche dans les bois clairs, près des fermes ou en milieu ouvert. Fréquente aussi les jardins, à la ville comme à la campagne.

RÉPARTITION

Niche dans tout le sud du Québec et partout dans les Maritimes. Habituellement absent en hiver, il arrive assez tôt au printemps et s'en va tard à l'automne. Quelques individus hivernent parfois dans les secteurs les plus méridionaux de nos régions.

PRÉSENCE AUX MANGEOIRES

Présent parfois en hiver et au début du printemps. Plutôt rare aux mangeoires, ce pic tente quelquefois d'hiverner dans nos régions, surtout là où il y a peu de neige. On observe rarement plus d'un individu à la fois à un même poste d'alimentation.

MANGEOIRES PRÉFÉRÉES

S'alimente aux présentoirs utilisés pour le suif de bœuf et les pains d'oiseaux, ainsi qu'au sol ou dans des plateaux.

ALIMENTATION

Se nourrit, surtout au sol, de fourmis qui comptent pour près de 50 % de son régime alimentaire en été. En automne, il mange aussi des fruits et des graines, et il est essentiellement frugivore en hiver.

AUX MANGEOIRES

Le Pic flamboyant préfère le suif de bœuf, les pains d'oiseaux et le beurre d'arachide. Il mange aussi, à l'occasion, des noix hachées, des arachides et fruits, du tournesol (noir ou rayé), du maïs (concassé ou entier), du chardon et des graines mélangées.

Contrairement à la très grande majorité des pics, le Pic flamboyant passe le plus clair de son temps à se nourrir au sol et il n'est donc pas surprenant qu'il quitte nos régions durant l'hiver. Au cours de cette saison, on l'observe habituellement près des lieux où il peut trouver suffisamment de fruits sauvages pour s'alimenter. Par ailleurs, lorsqu'il arrive relativement tôt au printemps, il pourra se nourrir à une mangeoire quand les conditions météorologiques rendent sa quête de nourriture ardue en ce début de saison.

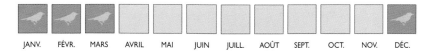

| JANV. | FÉVR. | MARS | AVRIL | MAI | JUIN | JUILL. | AOÛT | SEPT. | OCT. | NOV. | DÉC. |

GRAND PIC

Famille des Picidés

Dryocopus pileatus
Pileated Woodpecker

Taille: 41 - 50 cm

🦅 IDENTIFICATION

Pic noir et blanc de la taille d'une corneille. Noter la huppe rouge et les grandes marques blanches sous les ailes. Le rouge de la huppe se prolonge jusque sur le front chez le mâle, qui a aussi les moustaches rouges. **Voix:** Le cri, un *kok-kok-kok* fort, qui s'accélère en devenant plus aigu, ressemble un peu à celui du Pic flamboyant, en plus puissant. Émet aussi une série de notes comme *couk*, *ouik* ou *kok*.

🏞 HABITAT

Niche dans les forêts âgées de feuillus, de conifères ou mixtes. Fréquente à l'occasion les petits bois ou les parcs urbains.

🦅 RÉPARTITION

Sédentaire, le Grand Pic niche au sud de la forêt boréale, de l'Abitibi jusqu'au-delà du Saguenay au nord, et dans l'ensemble du Nouveau-Brunswick et de la Nouvelle-Écosse; niche localement dans le sud-est de l'Île-du-Prince-Édouard.

▶ PRÉSENCE AUX MANGEOIRES

Le Grand Pic est susceptible de visiter les mangeoires toute l'année si on y place la nourriture appropriée, mais il est surtout présent en hiver et au début du printemps. Plus rare et plus discret que les autres pics qui vivent dans nos régions à l'année.

▶ MANGEOIRES PRÉFÉRÉES

S'alimente principalement aux présentoirs utilisés pour le suif de bœuf et les pains d'oiseaux. Il faut toutefois que les présentoirs soient suffisamment grands puisqu'il s'agit d'un oiseau de grande taille.

▶ ALIMENTATION

Se nourrit essentiellement d'insectes foreurs, au stade larvaire ou adulte. Il consomme beaucoup de fourmis gâte-bois, principalement en hiver. En été, il se nourrit surtout au sol ; il capture les insectes à l'intérieur des bûches et des souches en décomposition. En été et en automne, il mange aussi des petits fruits sauvages.

AUX MANGEOIRES

Le Grand Pic préfère nettement le suif de bœuf et les pains d'oiseaux. Il mange aussi, à l'occasion, des noix, des arachides, du maïs, du tournesol et un peu de beurre d'arachide

Plutôt méfiant envers l'homme, il s'approche généralement peu des habitations. Toutefois, si le poste d'alimentation est situé près d'une forêt mature, un gros morceau de suif de bœuf fixé à un arbre ou à un poteau fera les délices d'un Grand Pic qui vit dans le coin.

L'arrivée aux mangeoires de ce pic de la taille d'une corneille est plutôt spectaculaire. Si ce pic niche à proximité, on aura la chance de voir autant le mâle que la femelle puisque le couple est formé pour la vie et que les deux partenaires habitent le même territoire à longueur d'année.

JANV. FÉVR. MARS AVRIL MAI JUIN JUILL. AOÛT SEPT. OCT. NOV. DÉC.

MÉSANGEAI DU CANADA

Famille des Corvidés

Perisoreus canadensis
Gray Jay

Taille : 27 - 31 cm

IDENTIFICATION

Cet oiseau gris et blanc fait penser à une grosse mésange. La couronne est blanche, l'arrière de la tête et la nuque sont noirs. Noter aussi le petit bec foncé et la longue queue de cet oiseau un peu plus gros que le merle. Sexes semblables. Le jeune se distingue de l'adulte par un plumage uniformément cendré, sauf pour les petites moustaches blanches. **Voix :** Cris variés et rauques ou sifflements doux ; on dirait que l'oiseau marmonne continuellement.

HABITAT

Habite à l'année la forêt boréale ; en hiver, on l'observe aussi en forêt mixte.

RÉPARTITION

Sédentaire dans la zone de la forêt boréale au Québec et partout dans les Maritimes, sauf à l'Île-du-Prince-Édouard où il est confiné à l'est de l'île.

🐦 PRÉSENCE AUX MANGEOIRES

Puisqu'il est sédentaire, il est susceptible de fréquenter les mangeoires installées sur son territoire en toutes saisons. Peu abondant aux mangeoires. On enregistre des mouvements vers le sud à des intervalles plus ou moins réguliers. Ainsi, en automne, plusieurs oiseaux quittent parfois les régions les plus nordiques de leur aire et se dirigent plus au sud, ce qui augmente d'autant l'abondance de l'espèce aux mangeoires et permet de l'observer à des endroits situés à l'extérieur de son aire habituelle au cours de ces années d'invasion.

🏠 MANGEOIRES PRÉFÉRÉES

S'alimente à tous les types de mangeoires, que ce soit des plateaux, des abris, de grosses mangeoires à débit contrôlé ou des sacs en filet pour le suif de bœuf.

🐦 ALIMENTATION

Omnivore, son régime alimentaire est très varié. Il se nourrit d'insectes, de petits fruits, de champignons, d'œufs et d'oisillons. Il se nourrit aussi de cadavres d'animaux.

AUX MANGEOIRES

Le Mésangeai du Canada préfère le suif de bœuf, le beurre d'arachide et les restes de table. Il mange aussi du maïs (concassé ou entier) et des fruits.

Il tire profit d'une grande variété d'aliments pour survivre à l'hiver, saison à laquelle il est particulièrement bien adapté, lui qui commence souvent à nicher au début du mois de mars. De plus, il n'hésite pas à venir chercher de la nourriture dans la main des gens, que ce soit un petit morceau de pain ou même une tranche complète.

| JANV. | FÉVR. | MARS | AVRIL | MAI | JUIN | JUILL. | AOÛT | SEPT. | OCT. | NOV. | DÉC. |

GEAI BLEU

Cyanocitta cristata
Blue Jay

Taille : 28 - 32 cm

 IDENTIFICATION

Oiseau bleu et blanc de bonne taille, caractérisé par une huppe et un collier noir bien net. Les ailes bleues sont marquées de taches blanches particulièrement visibles chez les individus en vol ; noter aussi les longues ailes larges et la longue queue. Sexes semblables. **Voix :** Possède un répertoire très varié ; les cris les plus fréquents sont un *djé-djé* ou un *tii-oulou tii-oulou* répétés à plusieurs reprises. Plutôt criard, c'est souvent le premier à sonner l'alarme à l'approche d'un danger aux mangeoires.

HABITAT

Niche dans les forêts mixtes ou les forêts de feuillus, notamment celles où poussent des chênes et des hêtres. On l'observe souvent en bordure de route et dans les parcs. Fréquente aussi les jeunes forêts, les parcelles boisées des banlieues et des campagnes.

RÉPARTITION

Présent toute l'année au sud de la taïga, de l'Abitibi à Pointe-des-Monts sur la Côte-Nord, ainsi que partout dans les Maritimes. Oiseau emblématique de l'Île-du-Prince-Édouard.

![icon] PRÉSENCE AUX MANGEOIRES

Présent toute l'année, il est toutefois un peu plus discret en été tandis qu'il est affairé à la nidification. Quelques individus fréquentent assidûment les mangeoires au cours de l'hiver. Par contre, il est souvent plus abondant lors de la migration, au printemps et en automne.

![icon] MANGEOIRES PRÉFÉRÉES

S'alimente à tous les types de mangeoires, que ce soit des plateaux, des abris ou de grosses mangeoires à débit contrôlé.

![icon] ALIMENTATION

Possède un régime omnivore dans lequel les matières végétales occupent une grande place : glands, faînes et maïs. Il mange aussi des insectes, des œufs, des oisillons, des petits poissons, des grenouilles et occasionnellement des souris.

AUX MANGEOIRES

Le Geai bleu préfère les arachides, le maïs concassé, le tournesol (noir ou rayé) et les noix hachées. Il consomme aussi du maïs entier, du millet blanc, de l'alpiste et du blé. De plus, il aime varier son régime en mangeant un peu de suif de bœuf et du beurre d'arachide.

Bien l'observer tandis qu'il saisit les arachides en écale, les place dans son bec et part les manger ou les cacher ; cette manœuvre est facilitée par la poche gulaire qui lui permet de transporter une grande quantité de nourriture. Cet oiseau a l'habitude de faire des provisions à l'approche de l'hiver en cachant entre autres des glands et des faînes dans le sol.

| JANV. | FÉVR. | MARS | AVRIL | MAI | JUIN | JUILL. | AOÛT | SEPT. | OCT. | NOV. | DÉC. |

CORNEILLE D'AMÉRIQUE

Famille des Corvidés

Corvus brachyrhynchos
American Crow

Taille : 43 - 53 cm

IDENTIFICATION

C'est probablement l'oiseau noir le plus connu. La corneille est plus petite que le corbeau et s'en démarque également par un bec moins fort. Sexes semblables. En vol, remarquer que l'extrémité de la queue est ronde et non cunéiforme comme chez le Grand Corbeau. **Voix :** *Câ câ câ* ; croassement bruyant et bien connu.

HABITAT

Fréquente des habitats très variés : rivages maritimes, forêts, terrains découverts, fermes, parcs urbains, etc.

RÉPARTITION

Niche dans tout le sud du Québec et partout dans les Maritimes. Hiverne dans les régions habitées, bien que plusieurs nous quittent pour passer l'hiver plus au sud.

✖ PRÉSENCE AUX MANGEOIRES

Présente surtout en hiver et au début du printemps dans les régions où elle hiverne, on l'observe aussi parfois au cours des autres saisons. Peu fréquente aux mangeoires dans l'ensemble des régions, elle est par contre plus abondante dans l'Est, notamment dans les Maritimes où on l'observe assez régulièrement, souvent par petits groupes de deux à quatre oiseaux.

✖ MANGEOIRES PRÉFÉRÉES

S'alimente principalement au sol et dans les grands plateaux.

✖ ALIMENTATION

Régime omnivore des plus variés : fruits, graines, insectes, œufs et oisillons, petits mammifères, animaux morts, déchets alimentaires, crustacés, mollusques, amphibiens et poissons.

AUX MANGEOIRES

La Corneille d'Amérique préfère les restes de table, le maïs (concassé ou entier), le suif de bœuf et les arachides. Elle mange un peu de tout puisqu'elle ne dédaigne pas non plus les graines mélangées, le millet blanc, l'alpiste, le tournesol (noir ou rayé), les fruits, l'avoine et le beurre d'arachide.

Un oiseau de cette taille bien installé dans un plateau pour s'y nourrir offre un spectacle saisissant ; une présence bien peu appréciée des autres « oiseaux noirs » présents qui tenteront de l'intimider pour qu'elle quitte les lieux. La corneille est plutôt méfiante et elle s'enfuit souvent rapidement lorsqu'elle perçoit des mouvements brusques. Une corneille qui a niché à proximité conduira parfois à la mangeoire un jeune, qui s'y nourrira pendant que ses parents monteront une garde vigilante, donnant l'alerte au moindre mouvement suspect.

JANV.   FÉVR.   MARS   AVRIL   MAI   JUIN   JUILL.   AOÛT   SEPT.   OCT.   NOV.   DÉC.

ALOUETTE HAUSSE-COL

Famille des Alaudidés

Eremophila alpestris
Horned Lark

Taille : 17 - 20 cm

IDENTIFICATION

Oiseau brunâtre au motif particulier sur la tête : croissant noir sur la joue et gorge jaune délimitée par un plastron noir. Les aigrettes, parfois difficiles à voir, sont absentes chez les juvéniles. Noter le vol très léger et le contraste entre le dessous noir de la queue et le ventre blanc. Sexes semblables.
Voix : Cascade de notes très douces et cristallines, hésitantes au début puis accélérées vers la fin, tout petit petit *pti pti ti ti iiii*.

HABITAT

Observée en bordure des routes à la fin de l'hiver. Niche en milieux ouverts, dans la toundra, les labours, les champs cultivés et sur les rivages.

RÉPARTITION

Niche dans les régions agricoles du Québec et du Nouveau-Brunswick ; très localisée à l'Île-du-Prince-Édouard et en Nouvelle-Écosse. Hiverne dans les régions agricoles du sud du Québec et des Maritimes.

🐦 PRÉSENCE AUX MANGEOIRES

Présente surtout en hiver et au tout début du printemps. Cette espèce n'est vraiment pas une habituée des postes d'alimentation où elle n'est d'ailleurs pas abondante ; il faut habituellement demeurer à la campagne pour espérer attirer quelques alouettes chez soi de façon très sporadique.

🏠 MANGEOIRE PRÉFÉRÉE

S'alimente principalement au sol.

🦅 ALIMENTATION

Se nourrit d'une grande variété de graines et consomme aussi des insectes durant la période de reproduction.

AUX MANGEOIRES

L'Alouette hausse-col préfère le maïs concassé et les graines mélangées. Elle mange aussi du millet blanc ainsi que de l'orge, du blé, de l'avoine et du sarrasin.

Quelques individus hivernent dans nos régions, mais c'est surtout vers la fin de l'hiver, au retour de son hivernage plus au sud, que l'espèce est particulièrement présente, notamment en milieu rural, où elle se nourrit en bordure des routes. En lui offrant de la nourriture, on peut l'attirer à un poste d'alimentation, qu'elle peut ensuite visiter à l'occasion, notamment lorsque les conditions météorologiques sont plus difficiles, au début du printemps, quand la neige rend la recherche de nourriture plus ardue.

| JANV. | FÉVR. | MARS | AVRIL | MAI | JUIN | JUILL. | AOÛT | SEPT. | OCT. | NOV. | DÉC. |

MÉSANGE À TÊTE NOIRE

Famille des Paridés

Pœcile atricapillus
Black-capped Chickadee

Taille : 12 - 15 cm

IDENTIFICATION

Petit oiseau énergique à dominante grise. Le dessus noir de la tête, la joue blanche et la bavette noire forment un motif caractéristique qui permet d'identifier facilement l'espèce. Noter aussi le petit bec noir et les flancs beiges. Sexes semblables. **Voix :** Répertoire varié ; le chant doux, émis en période de reproduction, est sifflé, *hi-u-u* ou *hi-u* ; son cri nasillard, *tchikadi-di-di*, lui a valu son nom anglais. Divers cris, dont un *di-di-di*, sont émis lors des interactions entre les mésanges d'une même bande.

HABITAT

Habite les forêts de feuillus ou mixtes ; on la voit aussi très souvent dans les villes et les villages, notamment dans les parcs et près des habitations.

RÉPARTITION

Elle habite à l'année l'ensemble du Québec méridional et des Maritimes. Commune dans toutes les régions habitées. Oiseau emblématique du Nouveau-Brunswick.

🐦 PRÉSENCE AUX MANGEOIRES

Présente toute l'année, bien que plus discrète en été quand elle est affairée à la nidification. Omniprésente, si bien qu'elle pourrait revendiquer le titre d'oiseau emblématique des mangeoires dans nos régions.

🏠 MANGEOIRES PRÉFÉRÉES

S'alimente à tous les genres de mangeoires ; elle est très à l'aise pour s'agripper aux mangeoires suspendues les plus diverses.

✒️ ALIMENTATION

Le régime alimentaire varie selon les saisons ; en été, il est constitué à 80 % ou 90 % de matières animales (surtout des insectes), tandis que les matières animales et végétales entrent à parts égales dans son régime en hiver. Elle se nourrit alors surtout d'œufs et de pupes d'insectes qu'elle trouve dans les fissures de l'écorce des arbres. Il lui arrive aussi de consommer du gras sur des carcasses d'animaux.

AUX MANGEOIRES

La Mésange à tête noire préfère le tournesol noir, le suif de bœuf, ainsi que les arachides et les noix hachées. Elle consomme aussi des graines de citrouille et du beurre d'arachide.

Chaque mésange se présente à la mangeoire dans un ordre déterminé par la position occupée dans la hiérarchie complexe qui règne au sein de la bande. Les oiseaux dominants ont la priorité sur ceux d'un échelon inférieur dans la hiérarchie. La Mésange à tête noire demeure peu de temps à la mangeoire ; elle saisit une graine et va se percher pour la décortiquer avec habileté. Tenant la graine entre ses doigts, elle la martèle avec son petit bec afin de briser l'écale et d'en retirer le contenu. La présence d'arbres ou d'arbustes à proximité de la mangeoire permet d'observer aisément cette remarquable technique.

JANV.　FÉVR.　MARS　AVRIL　MAI　JUIN　JUILL.　AOÛT　SEPT.　OCT.　NOV.　DÉC.

MÉSANGE À TÊTE BRUNE

Famille des Paridés

Pœcile hudsonica
Boreal Chickadee

Taille: 13 - 14 cm

IDENTIFICATION

Petit oiseau à bavette noire et à joue blanche caractéristiques, qu'on distingue de la Mésange à tête noire par la dominante brune plutôt que grise du plumage. Noter en particulier le dessus brun de la tête qui se fond avec le brun olive du dos, ainsi que les flancs bruns. Sexes semblables. **Voix:** Un *tsic-tsi-dé-dé*, plus lent et nasillard que celui de la Mésange à tête noire.

HABITAT

Niche en forêt boréale et acadienne; on la retrouve essentiellement dans les forêts d'épinettes et de sapins des zones boréales et mixtes.

RÉPARTITION

Habite à l'année la zone boréale du Québec, jusqu'à la toundra, et l'ensemble des Maritimes.

🐦 PRÉSENCE AUX MANGEOIRES

Présente toute l'année aux mangeoires des régions où elle niche, bien qu'elle soit souvent plus discrète en été. Observée assez régulièrement, la Mésange à tête brune est tout de même beaucoup moins présente que la Mésange à tête noire qui, elle, se regroupe en bandes souvent plus importantes. Certains hivers, on note des incursions plus importantes de l'espèce à l'extérieur de son aire de nidification.

🏠 MANGEOIRES PRÉFÉRÉES

S'alimente à tous les genres de mangeoires, que ce soit des silos ou des petites mangeoires suspendues.

🐦 ALIMENTATION

Cette mésange se nourrit essentiellement d'insectes, qu'elle glane sur les branches des arbres. Elle mange aussi des graines de conifères et quelques petits fruits à l'occasion. Petit oiseau agile, comme les autres membres de la famille, la Mésange à tête brune s'alimente en explorant minutieusement les arbres et les branches au bout desquelles elle se suspend souvent à la recherche de nourriture. Elle fait aussi des réserves alimentaires à l'automne, cachant le tout sous l'écorce des branches.

AUX MANGEOIRES

La Mésange à tête brune préfère le suif de bœuf, le tournesol noir et le beurre d'arachide. Elle consomme aussi du tournesol rayé, des noix et des graines de citrouille.

Tout comme les autres membres de la famille, elle ne demeure à la mangeoire que le temps de saisir une graine qu'elle va décortiquer ailleurs; un arbre ou un arbuste planté à proximité permet souvent de la voir plus longtemps. On l'observe plus aisément et plus longtemps lorsqu'elle se nourrit de beurre d'arachide ou de suif de bœuf sur un rondin.

JANV.   FÉVR.   MARS   AVRIL   MAI   JUIN   JUILL.   AOÛT   SEPT.   OCT.   NOV.   DÉC.

MÉSANGE BICOLORE

Famille des Paridés

Baeolophus bicolor
Tufted Titmouse

Taille : 15 - 17 cm

IDENTIFICATION

La huppe de ce petit oiseau gris le distingue de presque tous les passereaux du nord-est du continent. Noter aussi le gros œil noir qui se détache bien sur la face pâle, et la ligne noire sur le front des adultes. Sexes semblables. **Voix :** Chant sifflé, *tiou tiou tiou*, souvent sur trois notes, parfois plus.

HABITAT

Niche dans les forêts de feuillus âgées et les parcs urbains où il y a de grands arbres, dans les quartiers résidentiels où se trouvent des arbres matures ainsi que dans les vergers à la campagne.

RÉPARTITION

Nicheur sédentaire rare et localisé dans l'extrême-sud du Québec, où sa nidification a été confirmée une première fois à proximité de la frontière du Vermont en 1995. Visite occasionnellement le Nouveau-Brunswick en automne et en hiver, surtout dans l'ouest de la province.

📷 PRÉSENCE AUX MANGEOIRES

Observée principalement de l'automne jusqu'au printemps, on note parfois plusieurs individus répartis dans différentes localités du Sud au cours de certains hivers. Visite les mangeoires toute l'année dans les rares endroits où elle niche dans le sud du pays. Visiteur rare aux mangeoires, son abondance fluctue beaucoup d'un hiver à l'autre. Dans nos régions, ce petit oiseau énergique est à la limite nord de son aire de répartition et, sauf là où il niche, on observe rarement plus d'un individu à une mangeoire. Le couple défend son territoire d'hivernage contre toute intrusion.

🏠 MANGEOIRES PRÉFÉRÉES

S'alimente à tous les genres de mangeoires, notamment aux silos et aux petites mangeoires suspendues.

📷 ALIMENTATION

Se nourrit surtout de chenilles et de guêpes. En automne et en hiver, les glands et les faînes des hêtres constituent cependant sa principale source de nourriture.

AUX MANGEOIRES

La Mésange bicolore préfère le tournesol (noir ou rayé), les arachides et le beurre d'arachide. Elle consomme aussi du millet blanc, de l'alpiste, du carthame, des graines mélangées, du suif de bœuf et des pains d'oiseaux.

Elle prend habituellement une graine, qu'elle décortique ensuite, bien perchée dans un arbre ou un arbuste non loin de là. Elle cache parfois des graines sous l'écorce des arbres, dans les fissures des branches ou dans le sol. Tout comme pour d'autres espèces qui étendent leur aire de répartition au Québec et dans le nord-est du continent, les mangeoires permettent d'être aux premières loges pour suivre la progression de cet oiseau et déterminer les nouvelles régions où il s'installe.

JANV.	FÉVR.	MARS	AVRIL	MAI	JUIN	JUILL.	AOÛT	SEPT.	OCT.	NOV.	DÉC.

SITTELLE À POITRINE ROUSSE

Famille des Sittidés

Sitta canadensis
Red-breasted Nuthatch

Taille : 10 - 12 cm

IDENTIFICATION

Plus petite que la Sittelle à poitrine blanche, elle en diffère par le bandeau noir qui traverse l'œil et son ventre roux. Le dessus du corps est gris bleu, comme chez l'autre sittelle. La femelle a le dessus de la tête et le dessous du corps plus pâles que le mâle. **Voix :** Le chant, *hinc hinc hinc hinc hinc hinc* répété, est plus nasillard et plus lent que celui de la Sittelle à poitrine blanche.

HABITAT

Préfère les forêts de conifères. Niche dans les forêts mixtes et conifériennes âgées ; en migration et en hiver, on l'observe aussi dans divers habitats, notamment dans les parcs urbains et près des habitations.

RÉPARTITION

Habite à l'année dans toutes les régions du sud du Québec et des Maritimes.

🐦 PRÉSENCE AUX MANGEOIRES

Présente habituellement toute l'année aux mangeoires situées là où elle niche. Ailleurs, on l'observe principalement en migration et en hiver. Parfois plus nombreuse lors des hivers où on assiste à d'importantes incursions de l'espèce. Ces invasions se produisent habituellement à tous les deux ou trois ans, soit lorsque les graines de conifères sont moins abondantes dans la nature. On observe rarement plus d'une ou deux sittelles à la fois à un poste d'alimentation, car cet oiseau défend son territoire.

🏠 MANGEOIRES PRÉFÉRÉES

S'alimente à tous les genres de mangeoires, que ce soit des silos, des petites mangeoires suspendues ou des plateaux.

🦋 ALIMENTATION

Souvent observée dans la cime d'un conifère, elle explore aussi les branches et les troncs, la tête en bas, à la recherche de larves d'insectes. Elle capture aussi des insectes au vol à l'occasion, un peu à la manière des moucherolles. Se nourrit de graines de conifères qu'elle extrait en ouvrant les cônes avec son bec. Elle mange aussi des noix.

AUX MANGEOIRES

La Sittelle à poitrine rousse préfère le suif de bœuf, le tournesol (noir ou rayé), le beurre d'arachide et les arachides. Elle consomme aussi des graines mélangées, des noix, du carthame, du maïs (concassé ou entier) et du chardon.

Ce petit oiseau trapu ne semble pas trop intimidé par la présence de convives plus gros que lui à la mangeoire. Cette sittelle n'hésite pas à venir chercher une graine qu'elle transporte ensuite sur une branche où elle la coince dans un interstice afin de l'ouvrir en la martelant de son bec fort. On la voit donc faire de nombreux allers et retours entre la mangeoire et son perchoir favori où elle se nourrit.

| JANV. | FÉVR. | MARS | AVRIL | MAI | JUIN | JUILL. | AOÛT | SEPT. | OCT. | NOV. | DÉC. |

SITTELLE À POITRINE BLANCHE Famille des Sittidés

Sitta carolinensis
White-breasted Nuthatch   Taille : 13 - 16 cm

IDENTIFICATION

Noter l'œil noir au milieu de la face blanche, la ligne noire du cou ainsi que la queue courte et les sous-caudales marron. Le dessus de la tête est noir chez le mâle et grisâtre chez la femelle. **Voix :** Un ricanement : *han han han han han* fort et nasal, répété rapidement.

HABITAT

Fréquente les forêts âgées, de feuillus ou mixtes. On l'observe aussi dans les petits boisés de fermes ainsi qu'à proximité des habitations.

RÉPARTITION

Sédentaire dans le sud du Québec, depuis le Témiscamingue jusqu'à Rivière-du-Loup. Dans les Maritimes, habite le bassin du Saint-Jean, le sud-ouest et le nord-est de la Nouvelle-Écosse jusqu'au Cap-Breton, ainsi que le centre de l'Île-du-Prince-Édouard.

PRÉSENCE AUX MANGEOIRES

On la voit toute l'année aux mangeoires, bien qu'elle soit plus discrète en période de nidification. Comme elle défend son territoire en toutes saisons, on observe rarement plus de deux sittelles à un même poste d'alimentation, sauf si le poste est situé aux confins de deux territoires différents.

MANGEOIRES PRÉFÉRÉES

S'alimente à tous les genres de mangeoires, que ce soit des silos, des petites mangeoires suspendues ou des plateaux.

ALIMENTATION

Cherche sa nourriture en arpentant les troncs, qu'elle scrute minutieusement, en se déplaçant souvent la tête en bas. Surtout insectivore en période de nidification, elle a un régime alimentaire composé essentiellement de graines et de fruits secs durant l'hiver.

AUX MANGEOIRES

La Sittelle à poitrine blanche préfère le suif de bœuf, le tournesol (noir ou rayé), le beurre d'arachide et les arachides. Elle consomme aussi des graines mélangées, des noix, du carthame, du maïs (concassé ou entier), du chardon et des pains d'oiseaux.

Cet oiseau trapu n'hésite pas à s'approcher d'une mangeoire même si elle est très achalandée. En fait, peu d'oiseaux intimident cette sittelle. On la voit se frayer un chemin, venir prendre une graine qu'elle va cacher un peu plus loin afin de la consommer plus tard ou qu'elle mange sur-le-champ, installée sur une branche. Elle coince alors la graine dans une fissure afin de l'ouvrir en la martelant avec son bec. Un comportement qui occasionne nécessairement de nombreuses visites successives à la mangeoire.

JANV. FÉVR. MARS AVRIL MAI JUIN JUILL. AOÛT SEPT. OCT. NOV. DÉC.

GRIMPEREAU BRUN

Certhia americana
Brown Creeper

Taille : 13 - 15 cm

IDENTIFICATION

Petit oiseau arboricole discret au dos brun marqué de taches blanches, qui se confond très bien avec l'écorce des arbres dans laquelle il recherche sa nourriture. Noter le dessous blanc du corps, la queue relativement longue, ainsi que le bec effilé et recourbé. Sexes semblables. **Voix :** Chant sifflé et court, très aigu au commencement puis plus grave vers la fin : *sî-ti-ouî-tou-ouî*. On l'entend surtout tôt au printemps, pendant la saison de reproduction.

HABITAT

En période de nidification, fréquente les forêts âgées, de feuillus ou de conifères. En fait, il recherche les endroits où il y a de vieux arbres ou des chicots dont l'écorce se détache.

RÉPARTITION

Niche dans tout le sud du Québec, depuis le Témiscamingue jusqu'à la Beauce, et dans les Maritimes. Se déplace vers le sud en hiver.

▨ PRÉSENCE AUX MANGEOIRES

Présent parfois en hiver et au début du printemps. Peu commun aux mangeoires, le grimpereau fréquente tout de même, à l'occasion, un poste d'alimentation situé sur son territoire au cours de la saison hivernale afin de varier son alimentation.

▨ MANGEOIRES PRÉFÉRÉES

S'alimente en s'agrippant à des petits rondins ou à des présentoirs à suif de bœuf.

▨ ALIMENTATION

Essentiellement arboricole, il passe sa vie sur le tronc des arbres où il grimpe en s'appuyant sur sa queue aux plumes raides et pointues. Se nourrit de petits insectes qu'il capture en explorant minutieusement les interstices dans l'écorce des troncs qu'il arpente en grimpant en spirale jusqu'en haut de l'arbre.

AUX MANGEOIRES

Le Grimpereau brun se nourrit surtout de suif de bœuf, de beurre d'arachide et de graisse de bacon. Il mange aussi, à l'occasion, du maïs concassé ainsi que du tournesol émietté et des noix finement hachées.

Il quitte rarement le tronc des arbres pour s'alimenter, et la meilleure façon d'attirer chez soi un grimpereau qui séjourne dans le voisinage consiste à placer du beurre d'arachide ou du suif de bœuf dans des trous creusés dans un petit rondin ou à badigeonner un tronc d'arbre avec du suif de bœuf. Il peut aussi s'agripper à un sac ou à un contenant grillagé contenant du suif de bœuf ou un autre aliment gras du même type.

| JANV. | FÉVR. | MARS | AVRIL | MAI | JUIN | JUILL. | AOÛT | SEPT. | OCT. | NOV. | DÉC. |

TROGLODYTE DE CAROLINE
Famille des Troglodytidés

Thryothorus ludovicianus
Carolina Wren

Taille : 13 - 15 cm

IDENTIFICATION

Le plus gros troglodyte du Nord-Est a le dos roussâtre et le dessous ocreux ; noter le sourcil blanc bien démarqué au-dessus de l'œil. Sexes semblables.
Voix : Un *tui tirouli tirouli tirouli* fort, répété à plusieurs reprises ; aussi d'autres sifflements.

HABITAT

Espèce méridionale rare dans le Nord-Est ; niche dans les broussailles, autant près des cours d'eau ou à la lisière des forêts que dans les parcs et les jardins de banlieue.

RÉPARTITION

Nicheur sédentaire et visiteur d'hiver exceptionnel dans l'extrême-sud du Québec où sa nidification a été notée à quelques reprises dans la région de Montréal. Visiteur d'hiver rare dans le sud de la Nouvelle-Écosse et du Nouveau-Brunswick.

▥ PRÉSENCE AUX MANGEOIRES

Plutôt rare dans nos régions, il est surtout présent de la fin de l'automne au début du printemps. À la limite nord de son aire, ce troglodyte est habituellement repéré aux mangeoires en automne ou au début de l'hiver. Il s'agit probablement de jeunes nés durant l'année qui se dispersent vers le nord après la saison de nidification et qui profitent ainsi de la nourriture offerte pour tenter de survivre à l'hiver. Un objectif atteint seulement lors des hivers plus cléments, car plusieurs ne survivent pas aux rigueurs hivernales, ce qui freine l'expansion de cette espèce qui semble sans cesse vouloir étendre son aire vers le nord.

▥ MANGEOIRES PRÉFÉRÉES

S'alimente dans les plateaux ou les mangeoires suspendues.

▥ ALIMENTATION

Cherche sa nourriture surtout au sol où il explore attentivement la litière à la recherche d'insectes. Le Troglodyte de Caroline se nourrit principalement d'insectes et d'araignées ainsi que, à l'occasion, de fruits et de graines.

AUX MANGEOIRES

En hiver, le Troglodyte de Caroline se nourrit surtout de pains d'oiseaux, de suif de bœuf, de beurre d'arachide et d'arachides ainsi que d'autres aliments riches en gras. Il consomme aussi parfois du tournesol (noir ou rayé), du millet blanc, du carthame, du maïs concassé, des fruits et des graines mélangées.

En fait, il s'agit du seul troglodyte qui s'alimente aussi fréquemment aux mangeoires et il est relativement tolérant envers les autres oiseaux. Arpente souvent les broussailles situées près du poste d'alimentation à la recherche de nourriture avant de revenir aux mangeoires.

JANV.   FÉVR.   MARS   AVRIL   MAI   JUIN   JUILL.   AOÛT   SEPT.   OCT.   NOV.   DÉC.

MERLE D'AMÉRIQUE

Turdus migratorius
American Robin

Taille: 23 - 28 cm

IDENTIFICATION

Cet oiseau à posture dressée, au dos foncé et à poitrine rouge orangé annonce l'arrivée du printemps. Le mâle a la tête noire et le dessous du corps d'une riche couleur rouge brique, tandis que la femelle est plus terne. Les juvéniles sont semblables aux adultes, mais leur poitrine est marquée de points noirs. Noter le battement rapide de la queue lorsque l'oiseau arrive à son perchoir. **Voix:** Longue turlutte sifflée et enjouée, formée de courtes phrases musicales, *turlit turlu*.

HABITAT

Fréquente les villes et les villages, et une variété d'habitats ouverts: forêts claires, brûlés, clairières, fermes, jardins et parcs.

RÉPARTITION

Niche dans l'ensemble du Québec et des Maritimes, jusqu'à la limite des arbres. Quelques individus hivernent au sud du Saint-Laurent et dans les Maritimes, notamment après les automnes où les sorbiers ont donné beaucoup de fruits.

◨ PRÉSENCE AUX MANGEOIRES

Plutôt exceptionnel aux mangeoires, il est parfois présent au printemps, au moment de son retour dans nos régions, surtout lorsque de mauvaises conditions climatiques rendent la quête de nourriture plus difficile ou s'il y a pénurie. Cet oiseau bien connu de tous, souvent observé près des habitations, n'est jamais très abondant aux mangeoires.

◨ MANGEOIRES PRÉFÉRÉES

S'alimente dans les plateaux et les abris dans lesquels on a déposé des fruits.

◨ ALIMENTATION

Le régime alimentaire, diversifié, varie selon les saisons et les ressources du milieu : larves, insectes et vers de terre au printemps ; de plus en plus de fruits en été et en automne. En hiver, dans nos régions, il est essentiellement frugivore et il consomme des fruits provenant d'une grande variété d'arbres et d'arbustes, dont les sorbiers, les pommetiers et les viornes.

AUX MANGEOIRES

Le Merle d'Amérique préfère les fruits, cultivés ou non, qu'on dépose dans les plateaux en hiver ou au printemps. Il peut aussi se nourrir à l'occasion d'un peu de suif de bœuf, de beurre d'arachide et même de tournesol écalé, notamment lorsque les conditions climatiques sont particulièrement difficiles.

Le merle fréquente très rarement les mangeoires et ne s'y présente qu'en cas de nécessité. Une bonne façon d'attirer son attention consiste à lui offrir de petits fruits (de sorbiers ou de viornes) récoltés en automne et congelés par la suite, ou encore des morceaux de pommes et de bananes ou des raisins secs, une « salade de fruits » qui sera souvent appréciée lors du retour des merles au printemps.

| JANV. | FÉVR. | MARS | AVRIL | MAI | JUIN | JUILL. | AOÛT | SEPT. | OCT. | NOV. | DÉC. |

MOQUEUR POLYGLOTTE

Famille des Mimidés

Mimus polyglottos
Northern Mockingbird

Taille : 23 - 28 cm

IDENTIFICATION

Cet oiseau grisâtre au dessous blanc est relativement rare chez nous ; noter les ailes noires marquées de grandes taches blanches ainsi que la longue queue noire maculée de blanc sur les côtés. Sexes semblables. Le jeune est brunâtre. **Voix :** Longue série de phrases musicales, renfermant souvent des imitations, répétées plus de deux fois chacune. Émet aussi un *tchac* fort. Chante souvent le soir, perché bien en évidence.

HABITAT

En toutes saisons, fréquente les milieux ouverts, souvent près des habitations, autant à la ville qu'à la campagne. Niche notamment dans les parcs et les jardins plantés de haies, de grands arbres et de massifs d'arbustes.

RÉPARTITION

Niche très sporadiquement dans toutes les régions habitées du sud du Québec et des Maritimes. Quelques individus hivernent occasionnellement dans le sud de nos régions.

🐦 PRÉSENCE AUX MANGEOIRES

Présent surtout en hiver, mais parfois vers la fin de l'automne et au début du printemps. Cet oiseau ne fréquente les mangeoires qu'à l'occasion. Essentiellement frugivore en hiver, il peut toutefois visiter sporadiquement un poste d'alimentation situé sur son territoire d'hivernage. On n'observe habituellement qu'un seul moqueur à la fois.

🏠 MANGEOIRES PRÉFÉRÉES

S'alimente dans les plateaux et les abris, ou dans les présentoirs appropriés pour le beurre d'arachide et les pains d'oiseaux.

🐦 ALIMENTATION

Se nourrit d'insectes et d'araignées qu'il capture au sol ou dans le feuillage des arbres. Il consomme aussi de petits fruits, de la fin de l'été jusqu'au début du printemps.

AUX MANGEOIRES

Le Moqueur polyglotte préfère le beurre d'arachide, les fruits secs ou frais, ainsi que les pains d'oiseaux. Il consomme aussi du tournesol (noir ou rayé), des arachides, du suif de bœuf et des graines mélangées.

Comme d'autres espèces frugivores, le menu traditionnel des mangeoires correspond plus ou moins aux goûts de ce moqueur qui préfère souvent se nourrir dans un arbre fruitier, tel un pommetier, dont les fruits persistent en hiver. Le Moqueur polyglotte défend avec force son territoire hivernal, tant et si bien qu'il s'approprie fréquemment le secteur d'un poste d'alimentation, en défendant l'accès à tous les oiseaux qui s'en approchent. Un comportement qui réduit donc considérablement le nombre de visiteurs aux mangeoires.

| JANV. | FÉVR. | MARS | AVRIL | MAI | JUIN | JUILL. | AOÛT | SEPT. | OCT. | NOV. | DÉC. |

ÉTOURNEAU SANSONNET

Sturnus vulgaris
European Starling

Taille : 19 - 22 cm

IDENTIFICATION

Oiseau noir, trapu, au long bec foncé en hiver et jaune en été. Le plumage fortement moucheté en hiver est irisé en été. Le jeune est semblable à l'adulte, mais il est plus brun. Sexes semblables. En vol, noter les ailes triangulaires et la queue courte et carrée. **Voix :** Long gazouillis parsemé d'imitations variées.

HABITAT

L'Étourneau sansonnet fréquente différents milieux ouverts, autant à la ville qu'à la campagne, et on le retrouve aussi en bordure des bois clairs. En fait, il vit là où il peut compter sur des cavités pour y installer son nid.

RÉPARTITION

Niche dans toutes les régions habitées du sud du Québec et des Maritimes. Hiverne dans les villes et les villages du Québec et des Maritimes.

🐦 PRÉSENCE AUX MANGEOIRES

Présent toute l'année, bien qu'un peu moins nombreux en hiver dans certaines régions. Relativement abondant aux mangeoires, qu'il fréquente souvent en bandes comptant plusieurs individus. En hiver, le nombre d'individus fluctue beaucoup.

🏠 MANGEOIRES PRÉFÉRÉES

S'alimente à tous les types de mangeoires, aussi bien les plateaux et les abris que les grandes mangeoires à débit contrôlé. Il se perche aussi sur les filets de plastique dans lesquels on place du suif de bœuf.

✒ ALIMENTATION

Se nourrit d'insectes, d'araignées, de larves et de vers de terre qu'il capture au sol. Il consomme aussi des graines, des fruits et des détritus.

AUX MANGEOIRES

L'Étourneau sansonnet préfère le suif de bœuf, le maïs concassé, les graines mélangées et le beurre d'arachide. Il mange aussi plusieurs autres aliments, dont du millet blanc, de l'alpiste, du tournesol (noir ou rayé), du maïs entier et du blé, des arachides, des fruits et des restes de table.

Puisqu'il hiverne dans les villes et les villages, il ne rate pas une occasion de s'offrir du suif de bœuf ou du beurre d'arachide offerts à un poste d'alimentation du voisinage. À la fin de l'hiver, quand les étourneaux ayant hiverné plus au sud sont de retour, le concert d'imitations de ces oiseaux est fascinant à écouter. La nidification terminée, ils se rassemblent dans d'immenses dortoirs en compagnie d'autres « oiseaux noirs ».

JANV. FÉVR. MARS AVRIL MAI JUIN JUILL. AOÛT SEPT. OCT. NOV. DÉC.

JASEUR BORÉAL

Famille des Bombycillidés

Bombycilla garrulus
Bohemian Waxwing

Taille : 19 - 22 cm

IDENTIFICATION

Ce jaseur partage beaucoup de traits avec le Jaseur d'Amérique : huppe, masque noir, plumage soyeux et extrémité de la queue jaune. Il s'en distingue par le motif jaune et blanc sur les ailes ; plus gros et plus rondelet que le Jaseur d'Amérique, il est aussi plus grisâtre et, en tous plumages, on le reconnaît à ses sous-caudales marron. Sexes semblables. Le juvénile, dont le dos est plus brun que l'adulte, a la gorge pâle, le ventre rayé et les ailes marquées de blanc. **Voix :** Un *zritt* plus rauque que celui du Jaseur d'Amérique.

HABITAT

Niche dans les forêts conifériennes ou mixtes claires de l'Ouest ; en hiver, il se déplace souvent en bandes comptant plusieurs individus, parfois des centaines, à la recherche d'arbres fruitiers pour se nourrir.

RÉPARTITION

Niche probablement au nord de l'Abitibi. En hiver, visite toutes les régions du Québec et des Maritimes.

🐦 PRÉSENCE AUX MANGEOIRES

Plutôt exceptionnel aux mangeoires. Présent en hiver, quand les sources de nourriture naturelles sont épuisées. Il n'est pas très abondant et on observe généralement très peu de jaseurs.

🏠 MANGEOIRES PRÉFÉRÉES

S'alimente dans les plateaux ou les abris dans lesquels on a déposé des fruits.

🔖 ALIMENTATION

Frugivore, il se nourrit de toute une variété de fruits sauvages au cours de l'année, notamment ceux du Cerisier de Virginie et, plus tard, des fruits qui persistent durant l'hiver comme ceux de l'aubépine, du genévrier, des sorbiers et des pommetiers. Au printemps et au début de l'été, il mange aussi des insectes qu'il capture en vol, un peu à la manière des moucherolles.

AUX MANGEOIRES

Le Jaseur boréal préfère nettement les fruits, notamment ceux récoltés dans les arbres et les arbustes en automne et qui ont été congelés. Il mange aussi, parfois, des fruits cultivés coupés en petits morceaux, des pommes ou des bananes, ainsi que des raisins secs.

Le jaseur peut consommer chaque jour l'équivalent de deux à trois fois son poids en fruits. Il bénéficie de différentes adaptations physiologiques qui lui permettent de survivre avec une diète composée uniquement de ce type de nourriture. En effet, comme chez d'autres oiseaux frugivores, l'intestin est relativement court ; il possède aussi un foie de grande taille, ce qui lui permet de convertir rapidement le sucre en énergie.

En hiver, le Jaseur boréal se déplace vers l'est à la recherche de fruits. On l'observe alors en bandes pouvant compter des centaines d'individus. On le voit jusqu'à Sept-Îles, où il « envahit » littéralement certains secteurs de la ville, mangeant les fruits disponibles avant de repartir.

| JANV. | FÉVR. | MARS | AVRIL | MAI | JUIN | JUILL. | AOÛT | SEPT. | OCT. | NOV. | DÉC. |

JASEUR D'AMÉRIQUE

Famille des Bombycillidés

Bombycilla cedrorum
Cedar Waxwing

Taille : 17 - 20 cm

 **IDENTIFICATION**

Oiseau couleur caramel, huppé et masqué de noir, au plumage d'aspect soyeux. Bande jaune, à l'extrémité de la queue, aussi bien chez l'adulte que chez le juvénile. Plus petit que le Jaseur boréal, on le distingue facilement par les sous-caudales blanchâtres et le ventre jaunâtre. Sexes semblables. Le juvénile, plus gris, a le ventre rayé. **Voix :** Cri aigu, une plainte susurrée, quelque peu trillée à l'occasion : *ziiii ziiii ziiii* ou *zriiiii zriiiii zriiiii*.

HABITAT

Fréquente les bois clairs, les vergers, les jardins et divers habitats ouverts où il trouve de petits fruits. On le retrouve aussi près des habitations ainsi qu'en bordure des plans d'eau et des rivières.

RÉPARTITION

Niche dans tout le sud du Québec, sauf à Anticosti, et partout dans les Maritimes. Hiverne en petit nombre dans nos régions, particulièrement les années où les sorbes sont abondantes.

🐦 PRÉSENCE AUX MANGEOIRES

Plutôt exceptionnel aux mangeoires, il est parfois présent en hiver lorsque la nourriture est rare en milieu naturel. Peu commun, il n'est pas très abondant aux mangeoires.

🏠 MANGEOIRES PRÉFÉRÉES

S'alimente dans les plateaux et les abris dans lesquels on a déposé des fruits.

🐦 ALIMENTATION

Frugivore, il se nourrit essentiellement d'une grande variété de fruits sauvages. Il consomme aussi des insectes en vol à la manière des moucherolles. En été, les fruits de l'amélanchier exercent un attrait irrésistible chez cet oiseau.

AUX MANGEOIRES

Le Jaseur d'Amérique préfère les fruits, notamment ceux récoltés dans les arbres et les arbustes en automne et qui ont été congelés. Il mange aussi, parfois, des fruits cultivés coupés en petits morceaux, des pommes ou des bananes, ainsi que des raisins secs.

Certaines adaptations physiologiques lui permettent de vivre avec un régime alimentaire basé presque uniquement sur des fruits. En effet, tout comme chez le Jaseur boréal, son intestin est relativement court et il possède un foie de grande taille, ce qui lui permet de convertir rapidement le sucre en énergie.

Contrairement au Jaseur boréal, ce jaseur est plutôt rare en hiver dans nos régions. Toutefois, on surprend parfois quelques individus affairés à se nourrir de fruits. En été, par contre, certains jaseurs visiteront nos jardins, venant se nourrir de fruits dans les arbres et les arbustes qui poussent près des maisons.

| JANV. | FÉVR. | MARS | AVRIL | MAI | JUIN | JUILL. | AOÛT | SEPT. | OCT. | NOV. | DÉC. |

TOHI À FLANCS ROUX

Pipilo erythrophthalmus
Eastern Towhee

Famille des Embérizidés

Taille : 19 - 22 cm

♂ ♀

IDENTIFICATION

On identifie facilement cette espèce, tant le mâle que la femelle, grâce à ses yeux rouges et à la large bande rousse sur ses flancs. Le mâle porte un capuchon noir de la même couleur que le dos, les ailes et le dessus de la queue ; les ailes et la queue sont marquées de blanc. La femelle adulte ressemble au mâle, mais avec un plumage plutôt brun. Le juvénile est rayé ; il a les ailes et la queue marquées de blanc comme l'adulte. **Voix :** *Tzui-cou-tii-ii-ii-ii*, dont la dernière note est plus aiguë. Cri : un *tou-ouiiii* sonore. Il émet aussi certaines autres notes, sifflées ou roulées.

HABITAT

Fréquente les sous-bois denses, l'orée des forêts et les terrains broussailleux

recouverts de feuilles mortes. On observe parfois certains individus près des habitations en hiver.

RÉPARTITION

Niche dans le sud du Québec, depuis l'Outaouais jusqu'aux Bois-Francs. Il hiverne à l'occasion dans le sud du Québec. Visiteur d'hiver rare dans les Maritimes.

📷 PRÉSENCE AUX MANGEOIRES

Rare aux mangeoires dans nos régions puisque cet oiseau nous quitte généralement à l'approche de la saison hivernale. Il arrive parfois qu'un individu solitaire soit découvert à une mangeoire, qu'il fréquentera assidûment de la fin de l'automne jusqu'au début du printemps.

📷 MANGEOIRES PRÉFÉRÉES

S'alimente principalement au sol et parfois dans les plateaux.

📷 ALIMENTATION

Fouille bruyamment dans les feuilles mortes qui jonchent le sol, à la recherche d'insectes, d'araignées et de graines. À l'occasion, il mange aussi des fruits.

AUX MANGEOIRES

Le Tohi à flancs roux préfère le millet blanc et les graines mélangées. Il mange aussi de l'alpiste, du tournesol (noir ou rayé), du maïs concassé et du blé. À l'occasion, il se nourrit également de suif de bœuf et de beurre d'arachide.

On observe généralement cet oiseau tandis qu'il s'alimente en fouillant parmi les graines tombées au pied des mangeoires. Même s'il niche ici, on peut le voir aux mangeoires principalement lors des migrations, notamment en automne, saison où il s'aventure parfois hors de son aire de nidification. Dans plusieurs régions, c'est d'ailleurs un bon moment pour observer ce tohi aux postes d'alimentation, que visite parfois son «cousin» de l'Ouest, le Tohi tacheté, qui s'en distingue par ses ailes marquées de taches blanches.

| JANV. | FÉVR. | MARS | AVRIL | MAI | JUIN | JUILL. | AOÛT | SEPT. | OCT. | NOV. | DÉC. |

BRUANT HUDSONIEN

Famille des Embérizidés

Spizella arborea
American Tree Sparrow

Taille: 15 - 16 cm

◼ IDENTIFICATION

Petit bruant à tête grise et à calotte d'un roux moins vif que celle du Bruant familier. Le Bruant hudsonien se distingue du Bruant familier grâce à la présence d'un point noir sur la poitrine. Noter aussi la ligne rousse derrière l'œil, la tache de la même couleur sur le côté de la poitrine et la nuque grise. De près, on voit le bec bicolore. Sexes semblables. **Voix:** Chant doux et musical aux notes claires, dont l'ensemble diminue en intensité. Chaque strophe est souvent répétée deux fois, *peti-ti-ti, tiou-tiou-ouip.*

◼ HABITAT

Niche dans les buissons ou les arbres nains de la taïga; lors des migrations et en hiver, fréquente les terrains vagues et les milieux ouverts.

◼ RÉPARTITION

Niche au Nouveau-Québec et sur la Basse-Côte-Nord. Passe en migration et peut séjourner en hiver dans toutes nos régions.

🐦 PRÉSENCE AUX MANGEOIRES

Présent dès son arrivée en automne jusqu'à son départ au printemps. Plus ou moins abondant, puisque ses effectifs fluctuent au cours des migrations et en hiver. Ce bruant semble consacrer plus de temps à s'alimenter en milieu naturel lorsqu'il fréquente nos régions.

🏠 MANGEOIRES PRÉFÉRÉES

Comme la plupart des bruants, il s'alimente surtout au sol, bien qu'il puisse aussi se nourrir dans les plateaux, les abris et parfois dans les grandes mangeoires à débit contrôlé.

✒️ ALIMENTATION

Granivore, il se nourrit surtout de graines de plantes en toutes saisons, mais il mange aussi des insectes, des fleurs et des fruits durant la période de nidification.

AUX MANGEOIRES

Le Bruant hudsonien préfère le millet blanc, le maïs concassé et les graines mélangées. Il mange aussi de l'alpiste, du tournesol (noir ou rayé) et du chardon. En fait, il s'alimente de plusieurs types de graines offertes aux mangeoires. Il lui arrive aussi de se nourrir de beurre d'arachide.

Au début de l'automne, les Bruants hudsoniens forment de petites bandes et migrent vers le sud afin de passer l'hiver dans nos régions, les femelles hivernant généralement plus au sud que les mâles. Il est intéressant de noter que, selon les données de baguage, ils reviennent souvent dans la même région d'un hiver à l'autre. Par ailleurs, ce bruant visite fréquemment les mangeoires lorsque les conditions climatiques sont difficiles, tant et si bien que, pour plusieurs, il s'agit d'un oiseau annonçant du mauvais temps. Plutôt querelleurs aux abords des postes d'alimentation, les Bruants hudsoniens se poursuivent souvent les uns les autres, tentant d'intimider un congénère trop proche selon eux.

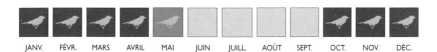

JANV.   FÉVR.   MARS   AVRIL   MAI   JUIN   JUILL.   AOÛT   SEPT.   OCT.   NOV.   DÉC.

BRUANT FAMILIER

Famille des Embérizidés

Spizella passerina
Chipping Sparrow

Taille : 13 - 15 cm

IDENTIFICATION

Petit bruant à calotte rousse et à poitrine grise. En été, noter le sourcil blanc, le bandeau noir sur l'œil, ainsi que les joues et la nuque grises. En plumage d'hiver, le croupion gris permet de le distinguer du Bruant des plaines. Sexes semblables. Le jeune, au plumage rayé, a lui aussi le croupion gris caractéristique. **Voix :** Trille sec, monocorde et quelque peu mécanique, non musical, contrairement à celui du Junco ardoisé.

HABITAT

Niche dans les bois clairs, les clairières, les plantations de résineux, les vergers et les conifères d'ornement plantés près des habitations où on le retrouve en milieu urbain et près des fermes.

RÉPARTITION

Niche dans tout le sud du Québec méridional et partout dans les Maritimes. Sa présence est inusitée en hiver.

📷 PRÉSENCE AUX MANGEOIRES

Présent surtout à son retour du Sud au printemps. On peut alors en observer quelques individus aux mangeoires. Parfois présent en été, quand les mangeoires sont situées près de l'endroit où il niche. Il peut aussi s'y arrêter au début de l'automne. En hiver, sa présence est inusitée. Peu abondant, les effectifs varient beaucoup d'une année à l'autre.

🏠 MANGEOIRES PRÉFÉRÉES

S'alimente surtout au sol, mais il lui arrive de se nourrir également dans les plateaux, les abris et même, parfois, dans les grandes mangeoires à débit contrôlé.

🦅 ALIMENTATION

Granivore en toutes saisons; il consomme aussi des insectes durant la saison de nidification.

AUX MANGEOIRES

Le Bruant familier préfère le millet blanc, les graines mélangées et l'alpiste. Il mange aussi du maïs concassé, du tournesol (noir ou rayé) et du chardon.

On peut souvent le voir perché au sommet d'un conifère ornemental planté près d'une maison, tandis qu'il clame sa présence et revendique son territoire à son retour au printemps. En effet, il ne s'agit pas d'un oiseau typique des postes d'alimentation puisqu'il hiverne dans le sud des États-Unis. On découvre parfois cette espèce parmi un petit groupe de bruants faisant une halte à un poste d'alimentation lors des migrations. Toutefois, il faut prendre garde de ne pas le confondre avec le Bruant hudsonien qui, lui, hiverne dans nos régions.

| JANV. | FÉVR. | MARS | AVRIL | MAI | JUIN | JUILL. | AOÛT | SEPT. | OCT. | NOV. | DÉC. |

BRUANT FAUVE

Famille des Embérizidés

Passerella iliaca
Fox Sparrow

Taille : 17 - 19 cm

IDENTIFICATION

Gros bruant massif. Noter le roux sur la queue et les ailes, les taches rousses sur le ventre et la poitrine, ainsi que les marques grises près du cou. Sexes semblables. **Voix :** Sifflement mélancolique très mélodieux et d'une grande pureté, dans lequel on retrouve souvent la strophe *pi-toui-ta*.

HABITAT

Niche dans les forêts de conifères rabougris, à l'orée des sapinières et des pessières, ainsi que dans les fourrés près de l'eau. En migration, fréquente les parterres forestiers.

RÉPARTITION

Niche du 47ᵉ parallèle jusqu'à la limite des arbres, sur la Côte-Nord, en Gaspésie et aux Îles-de-la-Madeleine. Niche dans les montagnes du nord du Nouveau-Brunswick, sur la côte atlantique de la Nouvelle-Écosse et dans les hautes-terres du Cap Breton. De passage dans toutes les régions.

![] PRÉSENCE AUX MANGEOIRES

Présent surtout au cours des migrations, au printemps et en automne. Beaucoup plus discret en été, il visite parfois les abords d'une mangeoire située près de l'endroit où il niche. Relativement répandu, mais peu abondant; on n'observe souvent qu'un ou deux Bruants fauves en même temps à un poste d'alimentation.

![] MANGEOIRES PRÉFÉRÉES

S'alimente surtout au sol; on le voit à l'occasion dans les plateaux et les abris.

![] ALIMENTATION

Se nourrit d'insectes et de graines qu'il trouve en grattant le sol avec ses pattes, fouillant avec vigueur dans les feuilles mortes pour y dénicher de la nourriture.

AUX MANGEOIRES

Le Bruant fauve préfère le millet blanc, le maïs concassé et les graines mélangées. Il consomme aussi de l'alpiste, du tournesol (noir ou rayé), du chardon et du maïs entier. Il mange même, à l'occasion, un peu de suif de bœuf.

Ce joli bruant est habituellement observé au pied des mangeoires tandis qu'il gratte le sol avec vigueur pour trouver de la nourriture parmi les graines qui y sont tombées, comme il le fait pour se nourrir en milieu naturel, où on l'entend souvent gratter parmi les feuilles mortes. En attirant le Bruant fauve près des maisons grâce aux mangeoires, il est possible d'observer à loisir cet habitant de la forêt qui s'arrête dans nos jardins au cours des migrations.

| JANV. | FÉVR. | MARS | AVRIL | MAI | JUIN | JUILL. | AOÛT | SEPT. | OCT. | NOV. | DÉC. |

BRUANT CHANTEUR

Famille des Embérizidés

Melospiza melodia
Song Sparrow

Taille : 15 - 18 cm

IDENTIFICATION

Bruant au dos brun et au dessous pâle, rayé, avec un point foncé au centre de la poitrine. Une longue queue arrondie caractérise sa silhouette. Sexes semblables. Le jeune n'a pas de point foncé sur la poitrine. **Voix :** Chant cristallin, fort et explosif, débutant par trois ou quatre notes bien détachées et terminé par une finale souvent étirée.

HABITAT

Niche dans les milieux relativement ouverts. Fréquente les fourrés, l'orée des forêts et les pâturages buissonneux ; aussi présent dans les jardins et les terrains vagues, à la ville comme à la campagne.

RÉPARTITION

Niche dans tout le sud du Québec et dans l'ensemble des Maritimes. On le voit parfois en hiver dans le sud du Québec, du Nouveau-Brunswick et de la Nouvelle-Écosse.

🐦 PRÉSENCE AUX MANGEOIRES

Présent surtout au cours des migrations, autant au printemps qu'en automne. Parfois présent en été aux mangeoires installées là où il niche ; par contre il est beaucoup plus rare en hiver dans le sud de nos régions. Relativement répandu, on le trouve à peu près partout, mais il est peu abondant aux postes d'alimentation ; on n'observe souvent que quelques individus ensemble aux mangeoires.

🏠 MANGEOIRES PRÉFÉRÉES

S'alimente surtout au sol, bien qu'il le fasse aussi, parfois, dans les plateaux, les abris et les grandes mangeoires à débit contrôlé.

🌾 ALIMENTATION

Se nourrit en fouillant le sol ou en explorant le pied des arbustes et des buissons. Son régime est fort varié : graines, petits fruits, insectes et petits vers. Au cours de la saison de nidification, il mange essentiellement des insectes.

AUX MANGEOIRES

Le Bruant chanteur préfère le millet blanc et les graines mélangées. Il mange aussi de l'alpiste, du maïs concassé, du tournesol (noir ou rayé), du chardon, du blé et des arachides. Il lui arrive aussi de manger du beurre d'arachide.

Souvent observé quand il se perche bien en évidence et qu'il proclame ainsi sa présence sur le territoire qu'il s'est approprié et qu'il défend avec vigueur. Il faut l'entendre, à partir du mois d'avril, quand son chant égaie les abords des postes d'alimentation. Il règne une forte hiérarchie entre les Bruants chanteurs présents. Les individus dominants n'hésitent d'ailleurs pas à chasser les autres oiseaux des environs d'une mangeoire, même les autres espèces de bruants.

| JANV. | FÉVR. | MARS | AVRIL | MAI | JUIN | JUILL. | AOÛT | SEPT. | OCT. | NOV. | DÉC. |

BRUANT À GORGE BLANCHE

Zonotrichia albicollis
White-throated Sparrow

Famille des Embérizidés
Taille : 16 - 18 cm

 IDENTIFICATION

La gorge blanche bien nette, le dessus de la tête rayée de blanc et de noir, et le point jaune devant l'œil caractérisent cette espèce. Certains individus, indifféremment mâles ou femelles, ont les bandeaux beiges plutôt que blancs. Sexes semblables. Le juvénile a le menton gris ainsi que la poitrine et les flancs rayés.
Voix : Chant composé de notes claires et sifflées rendu par un *Où es-tu Frédéric, Frédéric, Frédéric* et accentué au début.

HABITAT

Niche dans les fourrés ainsi qu'à l'orée des forêts conifériennes ou mixtes. En migration, s'arrête aux mangeoires installées en milieu habité.

RÉPARTITION

Niche partout dans le sud du Québec et des Maritimes. Il hiverne parfois, en petit nombre, dans le sud du Nouveau-Brunswick, de la Nouvelle-Écosse et du Québec.

📖 PRÉSENCE AUX MANGEOIRES

Présent surtout au cours des migrations, au printemps et en automne. En été, il peut fréquenter les mangeoires installées sur son territoire de nidification. Sa présence est plutôt rare en hiver. Bien que ce soit un bruant très répandu aux mangeoires, on n'observe habituellement qu'un ou deux individus en même temps à un poste d'alimentation.

📋 MANGEOIRES PRÉFÉRÉES

S'alimente surtout au sol ainsi que dans les plateaux et les abris.

📊 ALIMENTATION

Se nourrit au sol ou dans les arbres, principalement d'insectes et de larves au cours de la saison de nidification, ainsi que de graines diverses et de petits fruits à d'autres périodes de l'année.

AUX MANGEOIRES

Le Bruant à gorge blanche préfère le millet blanc et les graines mélangées. Il consomme aussi du maïs (concassé ou entier), de l'alpiste, du tournesol (noir ou rayé), du chardon et des noix hachées. À l'occasion, il mange même un peu de beurre d'arachide.

On le voit souvent chercher sa nourriture en fouillant parmi les graines tombées au pied des mangeoires. Par contre, il hésite moins que les autres membres de la famille à se nourrir dans des plateaux surélevés ou dans d'autres modèles de mangeoires semblables. Il se nourrit souvent paisiblement et fréquente assidûment le poste d'alimentation qu'il trouve sur sa route. Les rares individus qui hivernent dans nos régions profitent pleinement de la nourriture offerte aux mangeoires.

| JANV. | FÉVR. | MARS | AVRIL | MAI | JUIN | JUILL. | AOÛT | SEPT. | OCT. | NOV. | DÉC. |

BRUANT À COURONNE BLANCHE

Zonotrichia leucophrys
White-crowned Sparrow

Famille Embérizidés
Taille : 17 - 19 cm

Immature

IDENTIFICATION

Élégant bruant dont le dessus de la tête, chez l'adulte, est marqué de raies noires et blanches. Noter aussi le bec rosé, la gorge blanchâtre et la poitrine grise. Sexes semblables. L'immature observé en automne diffère de l'adulte par son aspect plus brun et sa tête rayée de beige et de brun roux.
Voix : Chant composé de sifflements clairs, plus zézayés que ceux du Bruant à gorge blanche, et se terminant par un trille sifflé : *Veux-tu du poulet frit ?*

HABITAT

Niche dans les peuplements clairs d'épinettes rabougries de la taïga et dans les zones broussailleuses de la toundra. En migration, il fréquente les broussailles, l'orée des bois et les milieux habités.

RÉPARTITION

Niche au Nouveau-Québec et sur la Basse-Côte-Nord. Passe en migration dans toutes nos régions. Généralement absent en hiver puisqu'il hiverne dans le sud des États-Unis.

🐦 PRÉSENCE AUX MANGEOIRES

Présent surtout au cours des migrations, au printemps et en automne. Sa présence est plutôt inusitée en hiver bien que certains réussissent parfois à hiverner. Particulièrement bien répandu en migration, ce bruant est alors relativement commun aux mangeoires. Il fréquente les postes d'alimentation en petites bandes qui comptent quelques individus d'âges variés, comme l'indiquent les variantes de coloration de plumage chez les oiseaux observés.

🏠 MANGEOIRES PRÉFÉRÉES

S'alimente surtout au sol, ainsi que dans les plateaux et les abris.

🍴 ALIMENTATION

En été, se nourrit abondamment de jeunes capsules de mousse ainsi que de graines diverses et de mouches noires. Plus tard en saison, il mange des chatons de saules, des insectes et des araignées.

AUX MANGEOIRES

Le Bruant à couronne blanche préfère le millet blanc, le maïs concassé et les graines mélangées. Il mange aussi de l'alpiste, du tournesol (noir ou rayé), du maïs entier, du carthame, du chardon, du blé et des noix hachées. À l'occasion, il ne dédaigne pas de se nourrir d'un peu de suif de bœuf ou de beurre d'arachide.

En migration, ce bruant séjournera quelque temps à un poste d'alimentation qu'il aura découvert sur sa route afin d'accroître ses réserves énergétiques. Généralement observé tandis qu'il fouille parmi les graines tombées au pied des mangeoires pour se nourrir. Quelques minutes d'observation permettent de voir les différentes interactions qui découlent de la hiérarchie entre les individus d'une même bande, les mâles ayant la priorité sur les femelles qui, elles, ont un statut plus élevé que les jeunes.

| JANV. | FÉVR. | MARS | AVRIL | MAI | JUIN | JUILL. | AOÛT | SEPT. | OCT. | NOV. | DÉC. |

JUNCO ARDOISÉ

Junco hyemalis
Dark-eyed Junco

Taille : 15 - 17 cm

▮ IDENTIFICATION

Les plumes externes blanches de la queue, particulièrement visibles à l'envol, permettent d'identifier facilement ce petit oiseau au plumage gris ardoisé. Noter aussi le bec rosé, le capuchon foncé et le dessous du corps blanc. La femelle ressemble au mâle, en plus terne, tandis que le juvénile, en été, est rayé sur le dos, la tête et la poitrine. **Voix :** Trille métallique habituellement plus lâche et plus musical que celui du Bruant familier.

▮ HABITAT

Niche dans les forêts conifériennes et mixtes. En migration et en hiver, on le retrouve dans divers habitats, notamment près des maisons.

▮ RÉPARTITION

Niche dans l'ensemble du territoire québécois, sauf en Ungava, et très localement dans les basses-terres du Saint-Laurent ; niche dans les Maritimes. Hiverne en petit nombre dans les Maritimes et l'extrême sud du Québec.

🐦 PRÉSENCE AUX MANGEOIRES

Présent surtout en migration, autant au printemps qu'en automne. Présent aussi en hiver, car il hiverne en nombre variable selon les années. Plutôt abondant lors des migrations alors qu'on observe souvent de petites bandes de juncos aux mangeoires. Quelques individus seulement hivernent dans le sud du pays mais ils visitent alors régulièrement les mangeoires.

🏠 MANGEOIRES PRÉFÉRÉES

S'alimente principalement au sol et dans les plateaux.

🪶 ALIMENTATION

Se nourrit essentiellement d'insectes qu'il capture au sol pendant la saison de nidification. Il consomme aussi des graines diverses.

AUX MANGEOIRES

Le Junco ardoisé préfère le millet blanc, le maïs concassé et les graines mélangées. Il mange aussi de l'alpiste, du tournesol noir, des noix hachées, du chardon, de l'avoine, du colza et des graines de citrouille. De plus, il ne dédaigne pas de s'offrir un peu de suif de bœuf ou de beurre d'arachide à l'occasion.

Dans l'ensemble de l'Amérique du Nord, le Junco ardoisé est l'oiseau le plus fréquemment observé aux mangeoires. En migration, on a d'ailleurs l'impression que les juncos sont partout, autant à la ville qu'à la campagne, et il est agréable d'observer ces petits oiseaux au plumage sobre s'alimenter au pied des mangeoires. Fait intéressant, on a découvert que la répartition des juncos en hiver varie en fonction du sexe et de l'âge. Ainsi, les femelles adultes sont alors celles qu'on trouve le plus au sud, tandis que les jeunes mâles demeurent plus au nord, juste devant les mâles adultes.

| JANV. | FÉVR. | MARS | AVRIL | MAI | JUIN | JUILL. | AOÛT | SEPT. | OCT. | NOV. | DÉC. |

BRUANT DES NEIGES

Famille des Embérizidés

Plectrophenax nivalis
Snow Bunting

Taille : 15 - 19 cm

IDENTIFICATION

Bruant au plumage brun et blanc en hiver, se déplaçant souvent en bandes de plusieurs dizaines ou centaines d'individus. En été, le mâle est noir et blanc. En vol, noter les ailes blanches marquées de noir aux extrémités. **Voix** : Un *tiou* sifflé, ainsi qu'un crépitement mélodieux ou une série de *tiriou* légers et sifflés.

HABITAT

Niche dans l'Arctique ; fréquente les milieux ouverts, comme les labours, les champs, le bord des routes et les dunes, autant lors des migrations qu'en hiver.

RÉPARTITION

Niche près des côtes de la baie et du détroit d'Hudson. Hiverne dans les régions agricoles du sud du Québec et des Maritimes.

![icon] PRÉSENCE AUX MANGEOIRES

Susceptible d'être présent aux mangeoires dès son arrivée en automne, jusqu'à son départ pour l'Arctique au printemps ; il passe l'hiver dans nos régions. Peu commun. En fait, les chances d'observer cette espèce à un poste d'alimentation sont beaucoup plus grandes à la campagne, c'est-à-dire là où ce bruant hiverne. Le Bruant des neiges fréquente habituellement les mangeoires en bandes dont les effectifs varient toutefois beaucoup.

![icon] MANGEOIRES PRÉFÉRÉES

S'alimente principalement au sol, bien qu'il se nourrisse parfois dans des plateaux surélevés.

![icon] ALIMENTATION

Se nourrit d'insectes et d'araignées qu'il capture au sol. Il mange aussi des graines diverses. En hiver, il consomme des graines de plantes qui émergent de la neige ou qu'il trouve en bordure des routes et sur les battures.

AUX MANGEOIRES

Le Bruant des neiges préfère l'avoine, le maïs concassé, les graines mélangées, le blé et l'orge. Il mange aussi de l'alpiste, du millet blanc, du colza et du sarrasin. En fait, il s'agit probablement de l'oiseau qui consomme la plus grande variété de céréales aux mangeoires puisque ses préférences vont à des graines souvent délaissées par d'autres espèces.

L'arrivée d'une bande de Bruants des neiges à une mangeoire constitue un spectacle ravissant, car ces oiseaux exécutent de belles chorégraphies lorsqu'ils volent en bandes. Une fois posés, ils s'activent fébrilement tout en fouillant le sol à la recherche de graines tombées au pied des mangeoires ou jetées à même le sol. Lorsque les conditions climatiques sont plus difficiles en hiver, ces bruants n'hésitent pas à fréquenter les mangeoires pour s'alimenter, se déplaçant même vers les quartiers résidentiels des villes et des villages.

| JANV. | FÉVR. | MARS | AVRIL | MAI | JUIN | JUILL. | AOÛT | SEPT. | OCT. | NOV. | DÉC. |

CARDINAL ROUGE

Famille des Cardinalidés

Cardinalis cardinalis
Northern Cardinal

Taille: 19 - 24 cm

♂

♀

IDENTIFICATION

Le mâle est entièrement rouge. Noter la face noire, la huppe et le gros bec rouge. La femelle aussi a le bec rouge, et son plumage havane est marqué de rouge sur la queue et les ailes. Les jeunes ressemblent à la femelle mais en diffèrent par leur bec noirâtre. **Voix:** Plusieurs sifflements forts et répétés, émis autant par la femelle que par le mâle, *tsiu tsiu piou-piou-piou-piou*. Cri: un *tchip* métallique, qui permet souvent de le repérer en hiver.

HABITAT

Niche à l'orée des bois, aux abords des friches et des terrains vagues, dans les fourrés, dans les buissons en bordure des cours d'eau et dans les clairières; fréquente les quartiers résidentiels boisés, les jardins et les parcs.

RÉPARTITION

Sédentaire dans le sud-ouest du Québec méridional, de Gatineau à Québec. Dans les Maritimes, sédentaire dans le sud et l'ouest du Nouveau-Brunswick ainsi que dans le sud-ouest de la Nouvelle-Écosse; visite à l'occasion d'autres régions.

◪ PRÉSENCE AUX MANGEOIRES

Présent toute l'année aux mangeoires, qu'il fréquente assidûment au fil des mois. Peu abondant dans nos régions. Souvent observé en couple ou avec des jeunes au cours de la saison de nidification.

◪ MANGEOIRES PRÉFÉRÉES

Aime bien s'alimenter au sol et est aussi à l'aise dans les plateaux, les abris et les grandes mangeoires à débit contrôlé.

◪ ALIMENTATION

Se nourrit essentiellement de produits végétaux, notamment de fruits, de graines sauvages et de grains cultivés. Il consomme aussi des insectes, des araignées et des escargots.

AUX MANGEOIRES

Le Cardinal rouge préfère nettement le tournesol (noir ou rayé) et il apprécie le carthame, le maïs concassé et le millet blanc. Il consomme aussi de l'alpiste, du maïs entier, des graines mélangées, des noix hachées, des arachides, des graines de citrouille, du blé, du sarrasin, de l'avoine, des fruits (raisins secs), et il lui arrive également de manger un peu de beurre d'arachide.

Cette espèce, en expansion dans le Nord-Est, a grandement profité des mangeoires pour survivre aux hivers rigoureux qui sévissent dans nos régions. Pour plusieurs, l'arrivée d'un Cardinal rouge à une mangeoire représente la récompense ultime, la présence de cet oiseau étant très appréciée à cause de la touche colorée qu'il apporte au cœur de l'hiver. Bien qu'il chante fort et proclame ainsi avec vigueur sa présence dans le quartier, il est souvent plutôt discret lorsqu'il se présente à la mangeoire, préférant souvent se nourrir au sol, non loin d'un endroit où il peut se mettre rapidement à couvert en cas de danger.

JANV. FÉVR. MARS AVRIL MAI JUIN JUILL. AOÛT SEPT. OCT. NOV. DÉC.

CARDINAL À POITRINE ROSE

Pheucticus ludovicianus
Rose-breasted Grosbeak

Famille des Cardinalidés
Taille : 18 - 22 cm

IDENTIFICATION

Oiseau au gros bec fort. Le mâle, noir et blanc, porte une tache vermillon sur la poitrine. La femelle, brune et rayée, ressemble à un gros bruant. On l'identifie à son épais sourcil blanc, à ses bandes alaires blanches et à son gros bec. En vol, noter les grandes taches blanches sur les ailes du mâle, les sous-alaires rosées chez le mâle et jaunes chez la femelle. **Voix :** Un chant sifflé rappelant celui du Merle d'Amérique, mais plus mélodieux et aux notes plus liées. Cri : un *tchink* métallique caractéristique.

HABITAT

Niche dans les forêts de feuillus et mixtes. Fréquente les lisières de forêts et les clairières, les gaulis des jeunes forêts, les bois isolés et les parcs.

RÉPARTITION

Niche dans le sud du Québec, de l'Abitibi jusqu'à Pointe-des-Monts, sur la Côte-Nord. Niche partout dans les Maritimes.

🐦 PRÉSENCE AUX MANGEOIRES

Présent dès son retour au printemps jusqu'à son départ en automne, il fréquente les mangeoires situées près de l'endroit où il niche. Peu abondant, ce n'est vraiment pas un oiseau commun aux mangeoires. On observe généralement les deux membres du couple à l'époque de la nidification. En été, ils sont parfois accompagnés des jeunes lorsque ces derniers ont quitté le nid.

🏠 MANGEOIRES PRÉFÉRÉES

S'alimente dans les plateaux, les abris et les grandes mangeoires à débit contrôlé.

📋 ALIMENTATION

Se nourrit de fruits et de graines ainsi que d'insectes divers, notamment de chenilles à tente et de vers phytophages. Il mange aussi le doryphore de la pomme de terre.

AUX MANGEOIRES

Le Cardinal à poitrine rose préfère nettement le tournesol (noir ou rayé), ainsi que les noix hachées. Il mange aussi des fruits, du maïs concassé, des graines mélangées et même un peu de suif de bœuf à l'occasion.

La présence de ce bel oiseau est fort appréciée par les propriétaires de mangeoires qui ont la chance de demeurer à proximité d'un petit boisé où niche ce cardinal. On le repère souvent grâce à son cri caractéristique qui trahit son arrivée à la mangeoire. Observez-le bien lorsqu'il mange du tournesol car, tout comme le Gros bec errant et le Cardinal rouge, il est fort habile pour décortiquer les graines à l'aide de son bec puissant.

| JANV. | FÉVR. | MARS | AVRIL | MAI | JUIN | JUILL. | AOÛT | SEPT. | OCT. | NOV. | DÉC. |

PASSERIN INDIGO

Passerina cyanea
Indigo Bunting

Famille des Cardinalidés
Taille : 13 - 15 cm

IDENTIFICATION

En plumage nuptial, le mâle a le corps entièrement bleu. La femelle est uniformément brune, avec le dessous plus pâle. Les jeunes mâles ont le plumage bleu maculé de brun. **Voix :** Joyeux gazouillis aux notes généralement doublées, plus court que le chant du Chardonneret jaune, et dans lequel on retrouve souvent la strophe *clin-clin* insérée au milieu ou à la fin.

HABITAT

Niche dans les paysages de bocage, à l'orée des bois, dans les clairières et dans les secteurs en régénération. Fréquente les endroits ensoleillés où la végétation s'étage verticalement.

RÉPARTITION

Niche du Pontiac à la Beauce et localement plus au nord et à l'est. Niche localement dans le sud-ouest du Nouveau-Brunswick, sur la Miramichi, et dans le sud-ouest de la Nouvelle-Écosse. Visite les autres régions ; absent en hiver.

PRÉSENCE AUX MANGEOIRES

Visiteur plutôt rare aux mangeoires. Il s'arrête parfois à son retour au printemps, s'y nourrissant quelque temps avant de poursuivre sa route et de s'installer pour nicher.

MANGEOIRES PRÉFÉRÉES

S'alimente dans les plateaux, les abris, les mangeoires à débit contrôlé ou au sol.

ALIMENTATION

Se nourrit principalement d'insectes capturés au sol ou sur les branches basses. Mange aussi des graines sauvages, des fruits et du grain.

AUX MANGEOIRES

Le Passerin indigo préfère les graines de tournesol noir et le chardon. Il affectionne particulièrement les petites graines comme le millet. Il consomme aussi de l'alpiste, des arachides et des noix hachées.

Ce petit oiseau foncé fera certes la joie des propriétaires de mangeoires, qui auront ainsi l'occasion de l'observer. La première chose qu'on remarque, c'est la couleur de l'oiseau qui varie beaucoup selon l'éclairage ; ce n'est pas toujours facile d'apprécier le bleu du plumage à sa juste valeur. Appartenant à la même famille que le Cardinal rouge et le Cardinal à poitrine rose, le Passerin indigo est le seul « passerin » qui niche régulièrement au Québec et dans certains coins des Maritimes. Le Guiaraca bleu, un très proche parent, est parfois surpris aux mangeoires lorsqu'un individu s'égare dans nos régions.

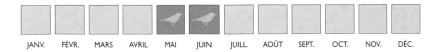

| JANV. | FÉVR. | MARS | AVRIL | MAI | JUIN | JUILL. | AOÛT | SEPT. | OCT. | NOV. | DÉC. |

CAROUGE À ÉPAULETTES

Famille des Ictéridés

Agelaius phœniceus
Red-winged Blackbird

Taille : 19 - 26 cm

IDENTIFICATION

Avec sa tache rouge sur l'épaule, particulièrement visible en vol, le mâle au plumage noir est facile à identifier. On confond parfois avec un bruant la femelle brunâtre, au dessous fortement rayé, mais elle s'en distingue par son bec effilé et pointu. **Voix :** Le *con-ka-riii* ou *o-guêr-glîî* du mâle se fait entendre tôt au printemps. Émet souvent un *tiou* sifflé et allongé comme cri d'alarme.

HABITAT

Niche dans les endroits ouverts et humides, notamment dans les fossés et les marais à quenouilles et à scirpe ainsi qu'en bordure des cours d'eau ; on le retrouve aussi en terrain plus sec dans les pâturages et les champs cultivés.

RÉPARTITION

Niche dans toutes les régions du Québec méridional et des Maritimes. Les premiers mâles nous reviennent dès la fin de l'hiver, suivis des femelles quelque temps après.

🐦 PRÉSENCE AUX MANGEOIRES

Présent surtout en migration, au printemps et en automne. Observé aussi en été; beaucoup plus rare en hiver. Oiseau grégaire qui fréquente généralement les postes d'alimentation en bandes de quelques individus. On l'observe assez régulièrement à son retour au printemps, quand les mangeoires lui permettent de s'alimenter plus facilement lorsque les conditions climatiques sont mauvaises. Toutefois, il ne s'agit pas d'un oiseau très commun aux mangeoires.

🏠 MANGEOIRES PRÉFÉRÉES

S'alimente principalement au sol et dans les plateaux.

🦅 ALIMENTATION

Son régime alimentaire varie selon les saisons. Durant la saison de nidification, il se nourrit essentiellement d'insectes qu'il capture au sol. Aux autres périodes de l'année, il se nourrit d'une grande variété de graines ainsi que de grains cultivés, notamment de maïs.

AUX MANGEOIRES

Le Carouge à épaulettes préfère les graines mélangées, le maïs concassé, le millet blanc et le tournesol (noir ou rayé). Il mange aussi du maïs entier, du carthame, des fruits, du blé, de l'avoine ainsi qu'un peu de suif de bœuf à l'occasion. En fait, il sait très bien tirer profit d'une grande variété de graines.

L'arrivée du Carouge à épaulettes, à la fin de l'hiver, marque le changement de saison et son chant nous annonce le retour prochain de multiples oiseaux qui feront halte aux mangeoires. On observe souvent les carouges en train de fouiller le sol au pied des mangeoires, à la recherche de nourriture.

| JANV. | FÉVR. | MARS | AVRIL | MAI | JUIN | JUILL. | AOÛT | SEPT. | OCT. | NOV. | DÉC. |

QUISCALE ROUILLEUX

Euphagus carolinus
Rusty Blackbird   Taille : 22 - 25 cm

IDENTIFICATION

En automne et en hiver, l'adulte et le jeune ont un plumage liséré de rouille qui caractérise bien cette espèce. En période nuptiale, le plumage du mâle est noir et dépourvu des reflets violacés du Quiscale bronzé. Plus petit que ce dernier, il s'en distingue aussi par son bec moins fort. La femelle ressemble au mâle mais son plumage est ardoisé, moins chatoyant que celui du mâle. **Voix :** Quelques *tchac* et un chant court qui se termine par une note grinçante et aiguë de charnière mal huilée.

HABITAT

Inféodé aux milieux humides en période de reproduction ; fréquente les tourbières, les forêts inondées, les marais bordés d'arbres et les étangs de castors. En migration, présent dans les érablières argentées situées en plaine inondable ainsi que près des habitations.

RÉPARTITION

Niche dans l'ensemble du territoire québécois, sauf en Ungava et dans le sud, depuis l'Outaouais jusqu'aux rives de l'estuaire. Niche dans les Maritimes.

PRÉSENCE AUX MANGEOIRES

Présent surtout en migration, au printemps et en automne, et exception-nellement en hiver. Peu commun aux mangeoires ; il est beaucoup moins abondant que le Quiscale bronzé avec lequel on le confond parfois. À l'occasion, on observe un individu qui tente d'hiverner dans les régions du sud du pays.

MANGEOIRES PRÉFÉRÉES

S'alimente surtout au sol, ainsi que dans les plateaux et les abris.

ALIMENTATION

Le régime alimentaire de ce quiscale est autant végétal qu'animal. Il se nourrit de fruits et de graines, ainsi que d'insectes, d'escargots et de petits poissons qu'il capture en marchant en eau peu profonde ou sur les berges.

AUX MANGEOIRES

Le Quiscale rouilleux préfère le tournesol (noir ou rayé), le maïs con-cassé et les graines mélangées. Il lui arrive aussi de manger du millet blanc, de l'alpiste, du blé, de l'avoine, de l'orge et du sarrasin.

Plutôt rare près des maisons, il est parfois observé au pied d'une mangeoire, tandis qu'il fouille parmi les graines tombées au sol afin de s'y alimenter. Si, au printemps, il ressemble beaucoup au Quiscale bronzé auquel il est apparenté, il est plus facile à identifier en automne. Les migrateurs qui font une courte halte aux mangeoires passent alors moins inaperçus.

| JANV. | FÉVR. | MARS | AVRIL | MAI | JUIN | JUILL. | AOÛT | SEPT. | OCT. | NOV. | DÉC. |

QUISCALE BRONZÉ

Quiscalus quiscula
Common Grackle

Taille : 28 - 34 cm

IDENTIFICATION

Oiseau noir de taille moyenne. De près, et sous un éclairage favorable, on peut voir les irisations du plumage : reflets violacés de la tête et du cou, et dos bronzé. La femelle ressemble au mâle, mais son plumage est plus terne. Le juvénile est brunâtre et a les yeux bruns, et non jaunes comme ceux de l'adulte. La queue en forme de V « pend » souvent d'un côté lorsque l'oiseau vole. **Voix :** Cri : *tchec* ; chant grinçant et métallique.

HABITAT

Fréquente surtout les champs cultivés ; commun aussi dans les quartiers résidentiels des villes. Niche dans des habitats très variés : forêts claires, milieux humides, champs abandonnés où se trouvent quelques arbres, parcs et jardins.

RÉPARTITION

Niche dans tout le Québec méridional et partout dans les Maritimes. Quelques individus hivernent parfois près des fermes et aux mangeoires à la ville.

▶ PRÉSENCE AUX MANGEOIRES

Présent en migration, au printemps et en automne. On l'observe aussi régulièrement en été, et parfois en hiver. Outre l'Étourneau sansonnet, il s'agit probablement de « l'oiseau noir » le plus abondant aux mangeoires. Il fréquente les postes d'alimentation en petites bandes, au printemps et en automne, et on l'observe très régulièrement au cours de la saison de nidification puisqu'il niche à proximité des maisons, notamment dans les conifères.

▶ MANGEOIRES PRÉFÉRÉES

S'alimente surtout au sol, dans les plateaux, ainsi que dans les grandes mangeoires à débit contrôlé.

▶ ALIMENTATION

Possède un régime alimentaire varié où on retrouve des matières végétales et animales très diverses : insectes, vers, écrevisses, petits poissons, petites grenouilles, souris, chauve-souris, petits oiseaux, œufs et oisillons, ainsi que graines, céréales et fruits.

AUX MANGEOIRES

Le Quiscale bronzé préfère le tournesol (noir ou rayé), le maïs concassé et les graines mélangées. Il consomme aussi du millet blanc, de l'alpiste, du carthame, du maïs entier, des arachides, des restes de table, du blé, de l'avoine, de l'orge et du sarrasin ainsi que du suif de bœuf et du beurre d'arachide à l'occasion.

Bref, tout comme dans son milieu naturel, il mange pratiquement de tout et tire donc avantageusement profit de la nourriture offerte aux mangeoires. Comme les autres « oiseaux noirs », il arrive relativement tôt, et sa présence, dès la fin de l'hiver, annonce le changement prochain de saison.

| JANV. | FÉVR. | MARS | AVRIL | MAI | JUIN | JUILL. | AOÛT | SEPT. | OCT. | NOV. | DÉC. |

VACHER À TÊTE BRUNE

Famille des Ictéridés

Molothrus ater
Brown-headed Cowbird

Taille : 17 - 21 cm

♂

♀

IDENTIFICATION

Chez cet oiseau noir, le mâle a la tête entièrement brune. Le bec court ressemble à celui d'un bruant. La femelle est plutôt grisâtre, tandis que le jeune est plus brunâtre et rayé sur le dessous du corps. **Voix :** Émet un sifflement aigu en vol, ainsi qu'un *glou-glou-oui* liquide ; la femelle produit un crépitement.

HABITAT

S'alimente en milieux ouverts, dans les pâturages et les champs. En période de reproduction, fréquente la lisière des forêts et les clairières. On l'observe aussi aux abords des habitations.

RÉPARTITION

Niche dans toutes les zones habitées du sud du Québec et des Maritimes. Rare en hiver. Il hiverne au sud de nos régions.

⬛ PRÉSENCE AUX MANGEOIRES

Présent surtout en migration, au printemps et en automne ; il est habituellement plus discret en été. Parfois présent en hiver. Relativement abondant en
migration puisque cet oiseau fait habituellement escale aux mangeoires. En
hiver, on observe parfois de petites bandes ou des individus isolés.

⬛ MANGEOIRES PRÉFÉRÉES

S'alimente surtout au sol ainsi que dans les plateaux, les abris et les
grandes mangeoires à débit contrôlé.

⬛ ALIMENTATION

Se nourrit d'insectes et d'araignées, qu'il consomme au sol, souvent près du
bétail qui déplace des insectes en marchant. Il consomme aussi une grande
variété de graines et de grains cultivés.

AUX MANGEOIRES

Le Vacher à tête brune préfère le maïs concassé, le millet blanc, les
graines mélangées, le blé et l'avoine. Il mange aussi du tournesol
(noir ou rayé), de l'alpiste, de l'orge, du sarrasin et du colza. Il ne
dédaigne pas non plus, à l'occasion, un peu de suif de bœuf.

Souvent observé en bandes aux mangeoires où il profite de la nourriture offerte. Le vacher a fréquemment la queue relevée lorsqu'il se
nourrit, que ce soit au sol au pied des mangeoires ou dans un plateau.
Cet oiseau ne construit pas de nid, et la femelle pond ses œufs dans le
nid d'autres espèces, qui se chargent ainsi de l'élevage des jeunes
vachers. Aux mangeoires en période de reproduction, on observe
régulièrement le mâle et la femelle non loin l'un de l'autre. Un peu
plus tard en saison, il n'est pas rare de voir un jeune vacher, à peine
sorti du nid, qui se fait nourrir par un oiseau d'une autre espèce, dont
le Bruant chanteur, qui est parfois victime du parasitisme du Vacher à
tête brune.

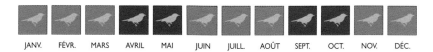

| JANV. | FÉVR. | MARS | AVRIL | MAI | JUIN | JUILL. | AOÛT | SEPT. | OCT. | NOV. | DÉC. |

ORIOLE DE BALTIMORE

Famille des Ictéridés

Icterus galbula
Baltimore Oriole

Taille : 18 - 23 cm

♂ ♀

IDENTIFICATION

Oiseau orange et noir. Le mâle porte un capuchon noir ; noter le dessus noir de la queue et les ailes marquées de blanc. La femelle a le dessus du corps olivâtre et le dessous jaune orangé. Noter les deux bandes alaires blanches.
Voix : Sifflement mélodieux et enjoué assez varié, en plus d'un caquetage où se mêlent des notes rauques.

HABITAT

Niche dans les grands arbres isolés, tels les ormes ; se tient également près des cours d'eau bordés d'arbres, dans les vergers et dans les quartiers des villes où poussent de grands arbres.

RÉPARTITION

Niche dans le sud du Québec, jusqu'au Témiscamingue au nord et jusqu'à Rimouski à l'est. Niche dans les régions agricoles de l'Île-du-Prince-Édouard, du sud du Nouveau-Brunswick et de l'ouest de la Nouvelle-Écosse. Absent en hiver puisqu'il hiverne beaucoup plus au sud.

PRÉSENCE AUX MANGEOIRES

Présent dès son arrivée au printemps jusqu'à son départ au début de l'automne. Peu fréquent, car il faut demeurer près d'un endroit où niche cet oiseau pour espérer le voir chez soi. Toutefois, l'oriole fréquente assez régulièrement les postes d'alimentation où il trouve des fruits ou un abreuvoir contenant de l'eau sucrée.

MANGEOIRES PRÉFÉRÉES

S'alimente dans des plateaux ou des abreuvoirs.

ALIMENTATION

Se nourrit de chenilles diverses, de fourmis, de pucerons, de doryphores et d'autres insectes capturés surtout dans le feuillage. Cette espèce aime aussi le nectar et les fruits.

AUX MANGEOIRES

L'Oriole de Baltimore préfère les fruits, particulièrement les quartiers d'orange, ainsi que de l'eau sucrée dans un abreuvoir.

La meilleure façon d'attirer l'oriole à un poste d'alimentation consiste à lui offrir des morceaux d'orange placés dans un plateau ou piqués sur une petite branche ou dans une mangeoire spécialement conçue à cette fin. L'oriole viendra alors en extraire habilement la pulpe. On peut aussi lui offrir de l'eau sucrée qu'on prépare en suivant la même recette que celle utilisée pour les colibris. En fait, dans le cas de l'oriole, il suffit d'opter pour un abreuvoir adapté à sa taille ou d'enlever les dispositifs anti-guêpes sur certains abreuvoirs à colibris dotés de perchoirs. On peut aussi attirer l'oriole près de la maison en lui offrant des petits bouts de ficelle qu'il viendra chercher afin de les utiliser pour tisser son magnifique nid en forme de panier suspendu.

JANV. FÉVR. MARS AVRIL MAI JUIN JUILL. AOÛT SEPT. OCT. NOV. DÉC.

DURBEC DES SAPINS

Famille des Fringillidés

Pinicola enucleator
Pine Grosbeak

Taille : 23 - 25 cm

♂

♀

IDENTIFICATION

Oiseau rondelet, à petit bec robuste et fort, caractérisé, en tous plumages, par la présence de deux bandes alaires blanches sur les ailes noires. Le mâle adulte est rougeâtre tandis que la femelle adulte et l'immature sont plutôt gris. **Voix :** Le cri consiste en un *tiou-diou* fort et sifflé. Le chant musical s'apparente à celui du Roselin pourpré, mais plusieurs strophes semblent répétées.

HABITAT

Fréquente surtout les sapinières et les pessières jusqu'à la limite des arbres, les clairières et l'orée des forêts. En automne et en hiver, on le rencontre aussi dans les feuillus et les arbres fruitiers ainsi que dans les secteurs habités, notamment dans les parcs urbains et les quartiers résidentiels.

RÉPARTITION

Habite le Québec à l'année, à l'est d'une ligne imaginaire reliant Mégantic à Chibougamau et jusqu'au centre du Nouveau-Québec. Habite en permanence les montagnes du nord du Nouveau-Brunswick et de la Nouvelle-Écosse. Présent dans toutes nos régions en hiver.

🐦 PRÉSENCE AUX MANGEOIRES

Fréquente occasionnellement les mangeoires, surtout en hiver lorsqu'il se déplace vers les régions habitées. Peu commun aux mangeoires, qu'il visite surtout lorsque la nourriture est moins abondante dans la nature, de la fin de l'automne au début du printemps.

🏠 MANGEOIRES PRÉFÉRÉES

S'alimente dans les plateaux, les abris ou au sol.

✒ ALIMENTATION

Se nourrit de graines, de bourgeons, de fruits et d'insectes. En hiver, s'alimente dans les arbres fruitiers et les conifères dont il extrait les graines des cônes. L'abondance de la production de graines en milieu naturel influence ses déplacements pendant cette saison.

AUX MANGEOIRES

Le Durbec des sapins préfère le tournesol (noir ou rayé). Il mange aussi des fruits cultivés, notamment des raisins secs, ou des petits fruits sauvages déposés dans un plateau.

Comme cet oiseau visite très peu les mangeoires, il est plus facile de l'attirer chez soi en plantant des arbres et des arbustes dont les fruits persistent en hiver puisque c'est principalement en cette saison qu'il séjourne dans les régions habitées. Il est toujours intéressant de noter le calme d'une petite bande de durbecs affairés à se nourrir dans un pommetier, une viorne ou un sorbier, par un bel après-midi d'hiver. On peut approcher suffisamment cet oiseau peu farouche pour l'observer à loisir.

| JANV. | FÉVR. | MARS | AVRIL | MAI | JUIN | JUILL. | AOÛT | SEPT. | OCT. | NOV. | DÉC. |

ROSELIN POURPRÉ

Famille des Fringillidés

Carpodacus purpureus
Purple Finch

Taille : 14 - 16 cm

♂

♀

IDENTIFICATION

Petit oiseau de couleur framboise chez le mâle. La femelle, brune et rayée, est caractérisée par une tache brune bien nette sur le côté de la tête. **Voix :** Gazouillis rapide et enjoué, moins aigu mais plus long que celui du Roselin familier.

HABITAT

Niche dans les forêts et les plantations de conifères, les forêts mixtes ou décidues où il y a quelques grands conifères, l'orée des bois ainsi que dans les conifères ornementaux des parcs et des jardins. En hiver, il fréquente notamment les abords des habitations.

RÉPARTITION

Niche dans l'ensemble du Québec méridional et partout dans les Maritimes. Présent en nombre variable en hiver, dans toutes nos régions.

![icon] PRÉSENCE AUX MANGEOIRES

Présent toute l'année, bien que plus discret en été, quand il est affairé à la nidification; le poste d'alimentation doit alors être situé près d'un endroit où il niche. Il compte parmi les visiteurs réguliers, mais son abondance varie selon les années. En effet, on a noté des irruptions cycliques chez cet oiseau.

![icon] MANGEOIRES PRÉFÉRÉES

S'alimente dans les plateaux, les mangeoires à débit contrôlé et les silos.

![icon] ALIMENTATION

Essentiellement granivore, il se nourrit de graines diverses, notamment de mauvaises herbes et de graminées, de graines de conifères et de samares d'érable et de frêne. De plus, autant en hiver qu'au printemps, il ne dédaigne pas de manger des bourgeons. Il consomme aussi des insectes vers la fin du printemps et beaucoup de fruits durant l'été, notamment ceux des viornes et des cornouillers, ainsi que des fraises et des framboises.

AUX MANGEOIRES

Le Roselin pourpré préfère les graines de tournesol noir, le chardon, le millet blanc et l'alpiste. Il consomme aussi du maïs concassé, du colza, du carthame, des noix hachées, des graines mélangées, des graines de citrouille, du sarrasin, du blé et un peu de beurre d'arachide à l'occasion.

Observé souvent en petites bandes comptant quelques individus, sauf lors des années d'invasion où il est souvent plus abondant. Très erratique dans ses mouvements, il peut être présent en grand nombre dans une région au cours d'un hiver et pratiquement absent l'année suivante. Il peut même se retirer dans la forêt au cours de l'hiver et revenir dans les quartiers résidentiels au printemps.

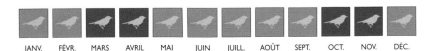

| JANV. | FÉVR. | MARS | AVRIL | MAI | JUIN | JUILL. | AOÛT | SEPT. | OCT. | NOV. | DÉC. |

ROSELIN FAMILIER

Famille des Fringillidés

Carpodacus mexicanus
House Finch

Taille : 13 - 14 cm

IDENTIFICATION

Plus petit que le Roselin pourpré; un bandeau rouge orangé orne la tête du mâle qui a des raies brunes sur le côté et le dessous du corps. Chez certains mâles, les parties rouges sont plutôt colorées de jaune ou d'orange. La femelle est brune et rayée; elle n'a pas de marques distinctives sur la tête, comme la femelle du Roselin pourpré. L'immature est semblable à la femelle.
Voix: Un gazouillis énergique se terminant par un *dri-ur* enroué.

HABITAT

Nouveau venu dans le Nord-Est, il est particulièrement présent près des habitations, nichant dans les plantes grimpantes et les arbres d'ornement.

RÉPARTITION

Niche du Témiscamingue jusqu'à Québec et localement sur la rive sud du fleuve, jusque dans le Bas-Saint-Laurent. Visite occasionnellement d'autres régions. Dans les Maritimes, niche dans le sud et le centre du Nouveau-Brunswick, le sud-ouest de la Nouvelle-Écosse et localement à l'Île-du-Prince-Édouard.

🐦 PRÉSENCE AUX MANGEOIRES

Présent toute l'année, bien que les effectifs varient en hiver car on a noté un comportement partiellement migratoire chez les roselins qui habitent les régions les plus nordiques de leur aire dans le nord-est du continent. Fréquente assidûment les mangeoires. On le voit souvent en compagnie des jeunes durant la saison de reproduction. Oiseau grégaire, on observe fréquemment plusieurs individus à un même poste d'alimentation.

🏠 MANGEOIRES PRÉFÉRÉES

S'alimente dans les silos, les mangeoires à débit contrôlé, les abris et les plateaux.

🪶 ALIMENTATION

Essentiellement granivore, ce roselin se nourrit surtout de graines diverses. Il mange des bourgeons et des fruits à l'occasion.

AUX MANGEOIRES

Le Roselin familier préfère le tournesol noir, bien qu'il puisse également se nourrir de tournesol rayé, ainsi que de colza. Il consomme aussi du chardon, du millet blanc, de l'alpiste, des graines mélangées et du maïs concassé. Il aime boire de l'eau sucrée lorsqu'il trouve un abreuvoir adapté à son bec.

Dans le nord-est du continent, cet oiseau a tiré profit de l'abondante nourriture disponible aux mangeoires pour s'implanter chez nous. On a même découvert des changements morphologiques dans la nouvelle population de l'Est, comparativement à celle de l'Ouest, là où l'espèce était auparavant confinée. En effet, les oiseaux qui vivent dans nos régions ont notamment un bec un peu plus gros que les autres, laissant croire qu'ils se sont ainsi adaptés aux mangeoires.

| JANV. | FÉVR. | MARS | AVRIL | MAI | JUIN | JUILL. | AOÛT | SEPT. | OCT. | NOV. | DÉC. |

BEC-CROISÉ DES SAPINS

Famille des Fringillidés

Loxia curvirostra
Red Crossbill

Taille : 14 - 17 cm

♂

♀

IDENTIFICATION

Oiseau rouge aux mandibules croisées ; le mâle diffère du Bec-croisé bifascié par ses ailes unies. La femelle et l'immature sont plutôt jaunâtres. Le juvénile est fortement rayé et brunâtre ; il n'a pas de bandes alaires blanches. **Voix :** Cri : *djip djip*. Quand il chante, il produit une série de notes riches plutôt sifflées et plus douces que le Bec-croisé bifascié.

HABITAT

Niche en forêt boréale où il s'alimente surtout de graines de conifères. Il vit dans les forêts de conifères et fréquente également les peuplements et les plantations de conifères dans les zones de forêts décidues.

RÉPARTITION

Niche sporadiquement dans le sud du Québec et dans les trois provinces maritimes. Peut se voir dans nos régions à tout moment de l'année. Les déplacements erratiques de cet oiseau nomade seraient liés à l'abondance des graines d'Épinette blanche, de Pin blanc et de Pruche du Canada.

🐦 PRÉSENCE AUX MANGEOIRES

Peu présent aux mangeoires, sauf quelquefois en hiver lorsqu'il séjourne dans les régions habitées. Visiteur plutôt rare, cet oiseau grégaire fait parfois des haltes au gré de ses déplacements. On observe parfois de petites bandes qui s'alimentent à un poste d'alimentation.

🏠 MANGEOIRES PRÉFÉRÉES

S'alimente dans les plateaux, les abris, les mangeoires à débit contrôlé ou au sol.

🦅 ALIMENTATION

Se nourrit essentiellement de graines de conifères, surtout de Pin blanc, qu'il extrait des cônes à l'aide de ses mandibules croisées. Fort agile, ce petit acrobate se perche souvent sur les cônes, tête en bas, pour en extraire les graines. Mange à l'occasion des petits fruits, des graines de feuillus, des bourgeons et des insectes. Il est aussi attiré par le sel qu'on épand sur les routes en hiver.

AUX MANGEOIRES

Le Bec-croisé des sapins préfère les graines de tournesol noir, dont il fera son principal choix lors d'une halte à un poste d'alimentation. Il consomme aussi du tournesol rayé.

Véritable nomade aux déplacements très irréguliers et imprévisibles, le Bec-croisé des sapins est rarement vu aux mangeoires, qu'il ne fréquente qu'occasionnellement. Toutefois, par un beau matin d'hiver, une bande peut fort bien décider de faire une halte à un poste d'alimentation. Le cas échéant, c'est une bonne occasion d'observer cette espèce au bec particulier, bien adapté pour extraire les graines contenues dans les cônes de conifères.

| JANV. | FÉVR. | MARS | AVRIL | MAI | JUIN | JUILL. | AOÛT | SEPT. | OCT. | NOV. | DÉC. |

BEC-CROISÉ BIFASCIÉ

Famille des Fringillidés

Loxia leucoptera
White-winged Crossbill

Taille : 15 - 17 cm

IDENTIFICATION

En tous plumages, cet oiseau aux mandibules croisées se reconnaît aux bandes blanches sur les ailes noires. Le mâle adulte est rougeâtre tandis que la femelle et l'immature sont plutôt jaunâtres. Le juvénile est brun et fortement rayé.
Voix : Le cri est un *tchik tchik* sec où se glissent des notes plus douces, en plus d'une longue série de notes saccadées et rythmées qui ressemblent à celles du Tarin des pins.

HABITAT

Niche en forêt boréale, où il se nourrit surtout de graines de conifères. Fréquente principalement les forêts d'épinettes et de mélèzes.

RÉPARTITION

Habite à l'année l'ensemble du territoire québécois, sauf l'Ungava, ainsi que les Maritimes. Moins présent dans les régions habitées du sud du pays.

🐦 PRÉSENCE AUX MANGEOIRES

Visite rarement les mangeoires, à part des incursions occasionnelles en automne, en hiver et au début du printemps. Cet oiseau grégaire y effectue parfois quelques haltes en petites bandes, au gré de ses rares déplacements en milieu habité.

🏠 MANGEOIRES PRÉFÉRÉES

S'alimente dans les plateaux, les abris, les mangeoires à débit contrôlé ainsi qu'au sol.

🪶 ALIMENTATION

Se nourrit essentiellement de graines de conifères, surtout d'épinettes et de mélèzes, qu'il extrait des cônes à l'aide de ses mandibules croisées, bien adaptées pour accomplir cette tâche. Mange parfois des graines de bouleau et d'aulne, des fruits et des insectes. Attiré par le sel qu'on épand sur les routes en hiver.

AUX MANGEOIRES

Le Bec-croisé bifascié préfère le tournesol noir et se nourrit presque exclusivement de ce type de graines, bien qu'il aime également le tournesol rayé.

Tout comme le Bec-croisé des sapins, il s'agit d'un véritable nomade aux déplacements très irréguliers et imprévisibles. Observé plus souvent aux mangeoires que le Bec-croisé des sapins, le Bec-croisé bifascié se déplace lui aussi en petites bandes. Lorsque les graines sont abondantes en nature dans une région, il n'est pas rare d'observer ce bec-croisé, qui profitera des graines offertes aux mangeoires pour compléter son régime alimentaire, justement constitué avant tout de graines. L'occasion est belle d'observer cette espèce au bec particulier, bien adapté pour extraire les graines contenues dans les cônes de conifères.

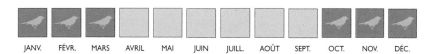

| JANV. | FÉVR. | MARS | AVRIL | MAI | JUIN | JUILL. | AOÛT | SEPT. | OCT. | NOV. | DÉC. |

SIZERIN FLAMMÉ

Famille des Fringillidés

Carduelis flammea
Common Redpoll

Taille : 11 - 15 cm

IDENTIFICATION

Petit oiseau rayé, gris brun, au dessus de la tête rouge et au menton noir. Les mâles adultes ont la poitrine plus ou moins rosée. Les femelles ressemblent aux mâles, mais n'ont pas la poitrine colorée. **Voix :** Cri : *suii-it* moins grave que celui du Tarin des pins. Émet aussi un cliquetis rapide en vol.

HABITAT

Dans l'Arctique, niche dans les ravins et sur les pentes rocailleuses où poussent quelques buissons rampants ; dans la taïga, niche dans les épinettes rabougries, les fourrés d'aulnes, de saules et de bouleaux. Observé en hiver dans les régions habitées où il se nourrit de graines d'aulne ou de bouleau.

RÉPARTITION

Niche au Nouveau-Québec. Hiverne dans toutes les régions du Québec méridional et des Maritimes.

🐦 PRÉSENCE AUX MANGEOIRES

Visite les mangeoires de l'automne jusqu'au printemps, mais il est surtout présent en hiver. Plus ou moins abondant selon les années, on note dans le sud du pays des incursions de cette espèce qui se produiraient périodiquement, à tous les deux ou trois ans, bien qu'il ne semble pas y avoir de cycles précis. Ces incursions surviennent lorsque la nourriture est moins abondante dans les régions nordiques où niche cet oiseau. Il fréquente alors les mangeoires en bon nombre, et il n'est pas rare de compter plusieurs dizaines d'individus à un même poste d'alimentation.

🏠 MANGEOIRES PRÉFÉRÉES

S'alimente à tous les types de mangeoires et est particulièrement à l'aise aux silos.

🐦 ALIMENTATION

Principalement granivore, il se nourrit de graines de bouleau, de saule et d'aulne, ainsi que de diverses plantes herbacées. Durant la saison de nidification, les insectes entrent probablement pour une bonne part dans son alimentation.

AUX MANGEOIRES

Le Sizerin flammé préfère le tournesol noir, le chardon, l'alpiste et le colza. Il consomme aussi du millet blanc, du maïs concassé, des noix hachées et des graines de citrouille, ainsi qu'un peu de beurre d'arachide et du suif de bœuf à l'occasion.

On le repère souvent dans les bouleaux du voisinage avant de le voir apparaître aux mangeoires, une apparition plus tardive les années où la production de graines est bonne. Selon des données de baguage, les sizerins seraient fidèles à un poste d'alimentation au cours d'une même saison hivernale, sans nécessairement y revenir l'hiver suivant.

| JANV. | FÉVR. | MARS | AVRIL | MAI | JUIN | JUILL. | AOÛT | SEPT. | OCT. | NOV. | DÉC. |

SIZERIN BLANCHÂTRE

Famille des Fringillidés

Carduelis hornemanni
Hoary Redpoll

Taille: 11 - 15 cm

 IDENTIFICATION

Plus rare que le Sizerin flammé auquel il ressemble beaucoup, en plus pâle; les individus typiques semblent givrés, tellement leur plumage est blanc et le brun du dos est délavé. Noter aussi le bec un peu plus petit ainsi que les flancs, les sous-caudales et le croupion blancs. **Voix:** Généralement silencieux en hiver, à l'extérieur de son aire de reproduction.

HABITAT

Niche dans les ravins et sur les pentes rocailleuses où croissent quelques arbustes nains dans l'Arctique; dans les régions subarctiques, on le trouve parmi les épinettes rabougries et les fourrés d'aulnes, de saules et de bouleaux.

RÉPARTITION

Niche dans l'extrême nord du Nouveau-Québec. En hiver, visite le sud du Québec et les Maritimes.

PRÉSENCE AUX MANGEOIRES

Tout comme le Sizerin flammé avec lequel on l'observe généralement, il visite les mangeoires de l'automne jusqu'au printemps, mais il est surtout présent au cours de la saison hivernale. Beaucoup plus rare que le Sizerin flammé, le Sizerin blanchâtre est observé aux mangeoires en nombre très variable selon les années. On en découvre généralement un seul parmi une bande de Sizerins flammés. On en voit rarement plus de quatre ou cinq ensemble.

MANGEOIRES PRÉFÉRÉES

S'alimente à tous les types de mangeoires et il est particulièrement à l'aise perché aux silos.

ALIMENTATION

Essentiellement granivore, il se nourrit de graines et de bourgeons de bouleau et de saule ainsi que de graines de plantes herbacées. Il mange aussi des insectes au cours de la saison de nidification.

AUX MANGEOIRES

Le Sizerin blanchâtre préfère le tournesol noir, le chardon, l'alpiste et le millet blanc. Il consomme aussi, à l'occasion, du colza et du maïs concassé.

Ce sizerin, qui niche dans l'Arctique, franchit de très grandes distances pour venir hiverner dans le sud du pays et tout comme le Sizerin flammé, il n'est pas fidèle à une région précise; il peut très bien visiter plusieurs coins de pays différents au cours d'hivers successifs. Par contre, il est possible qu'il soit fidèle à un poste d'alimentation au cours d'une même saison hivernale.

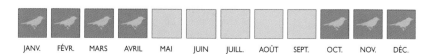

| JANV. | FÉVR. | MARS | AVRIL | MAI | JUIN | JUILL. | AOÛT | SEPT. | OCT. | NOV. | DÉC. |

TARIN DES PINS

Famille des Fringillidés

Carduelis pinus
Pine Siskin

Taille : 11 - 13 cm

IDENTIFICATION

Petit oiseau brunâtre, fortement rayé, au bec pointu. Noter les bandes jaunes, plus ou moins étendues selon les individus ; ces bandes sont bien visibles sur les ailes des oiseaux en vol ou chez ceux qui tentent d'intimider leurs voisins aux mangeoires. **Voix :** Gazouillis plus rauque que celui du Chardonneret jaune. Cri : un *zrrriiiiiii* bourdonnant et ascendant.

HABITAT

Niche dans les forêts conifériennes et mixtes ; en hiver, fréquente les forêts et les champs. Ce petit nomade se déplace presque constamment.

RÉPARTITION

Habite à l'année l'ensemble du Québec méridional et des Maritimes.

✒ PRÉSENCE AUX MANGEOIRES

Présent aux mangeoires de façon irrégulière; on peut l'y voir en toutes saisons, mais surtout de l'automne jusqu'au printemps. Oiseau grégaire, souvent observé en bandes comptant plusieurs individus. Le tarin se déplace beaucoup d'un hiver à l'autre. Son abondance fluctue selon les années et il peut être très abondant lors de certaines années d'invasion qui surviendraient lorsque la production de graines est faible dans les arbres.

🏠 MANGEOIRES PRÉFÉRÉES

S'alimente à tous les types de mangeoires, particulièrement les silos et les diverses mangeoires suspendues.

✒ ALIMENTATION

Essentiellement granivore, il se nourrit surtout de graines de conifères, de feuillus et de plantes herbacées. Il consomme aussi à l'occasion des insectes et des bourgeons. Tout comme les autres fringillidés, le Tarin des pins mange souvent du sel le long des routes en hiver.

AUX MANGEOIRES

Le Tarin des pins préfère nettement le chardon, qui constitue pour lui un mets de choix, et il apprécie le tournesol noir. Il mange également de l'alpiste, du millet blanc, du maïs concassé, des noix hachées, des arachides, du colza, du blé, du carthame, des graines mélangées et il consomme à l'occasion un peu de beurre d'arachide et de suif de bœuf.

Tout comme le Chardonneret jaune, il est très agile et s'accommode très bien des modèles de mangeoires où il doit se nourrir la tête en bas afin de saisir les graines de chardon. C'est un petit oiseau bagarreur, et les interactions sont nombreuses entre les oiseaux d'une même bande qui déploient fréquemment leurs ailes pour tenter d'intimider un congénère.

| JANV. | FÉVR. | MARS | AVRIL | MAI | JUIN | JUILL. | AOÛT | SEPT. | OCT. | NOV. | DÉC. |

CHARDONNERET JAUNE

Famille des Fringillidés

Carduelis tristis
American Goldfinch   Taille : 11 - 14 cm

En hiver

IDENTIFICATION

En livrée nuptiale, le mâle est facile à identifier avec son plumage jaune vif et sa calotte noire. Noter aussi le bec orangé, les ailes et la queue noires ainsi que le blanc des sous-caudales et des sus-caudales. La femelle a le dessus du corps olivâtre et le dessous jaunâtre en été. En hiver, les deux sexes ressemblent à la femelle en été. Le jeune ressemble à la femelle. **Voix :** Un gai babillage enjoué et prolongé qui ressemble à celui d'un canari. Le mâle émet un *pe-ti-ti-diou* caractéristique durant son vol au parcours ondulé.

HABITAT

Fréquente les champs, l'orée des bois et le bord des routes en été ; on le retrouve aussi dans les terrains vagues, les jardins, les milieux ouverts près des

rivières, ainsi que dans les forêts en régénération. En hiver, souvent observé non loin des habitations.

RÉPARTITION

Niche dans toutes les régions du Québec méridional et des Maritimes. Hiverne en nombre variable dans le sud de nos régions.

🐦 PRÉSENCE AUX MANGEOIRES

Présent toute l'année aux mangeoires, plus particulièrement du printemps jusqu'à l'automne, mais plus rare en hiver. Relativement abondant, ce petit oiseau coloré s'observe souvent en petites bandes. Quelques individus hivernent en nombre variable dans nos régions.

🏠 MANGEOIRES PRÉFÉRÉES

S'alimente à tous les types de mangeoires, particulièrement les silos et les mangeoires suspendues.

🔪 ALIMENTATION

Essentiellement granivore, il se nourrit surtout de graines de plantes herbacées comme le chardon et le pissenlit. Sa nidification tardive coïncide avec la période d'abondance des graines de mauvaises herbes. Le Chardonneret jaune mange aussi des insectes durant l'été.

AUX MANGEOIRES

Le Chardonneret jaune préfère nettement le chardon, dont il raffole ; il apprécie aussi le tournesol noir et l'alpiste. Il consomme également du colza, du millet blanc, du maïs concassé, des noix hachées et des graines mélangées, et il lui arrive aussi de manger un peu de beurre d'arachide et du suif de bœuf.

Très agiles, les chardonnerets mangent souvent la tête en bas aux silos à chardon dont les perchoirs sont placés au-dessus des petits trous. Ils semblent cependant préférer une position plus coutumière. Par ailleurs, les chardonnerets aiment avoir de l'eau à proximité, afin de se désaltérer un peu en quittant la mangeoire. De tous les membres de la famille des Fringillidés, bien connus pour être de grands amateurs de graines, le chardonneret est probablement l'espèce la plus abondante près des maisons, égayant le jardin de son chant énergique tout au cours de l'été. La présence de ce petit oiseau brillamment coloré est très appréciée aux mangeoires.

JANV. FÉVR. MARS AVRIL MAI JUIN JUILL. AOÛT SEPT. OCT. NOV. DÉC.

GROS-BEC ERRANT

Famille des Fringillidés

Coccothraustes vespertinus
Evening Grosbeak

Taille : 18 - 22 cm

♂

♀

IDENTIFICATION

Oiseau à gros bec, vivement coloré. Le mâle au plumage surtout jaune et noir a la tête brune marquée d'une bande jaune contrastée ; le dessus des ailes noires porte une grande tache blanche. La femelle est grisâtre ; elle a également du blanc sur les ailes noires. **Voix :** Criard et bavard ; le cri consiste en une série de *tchirp* perçants et forts.

HABITAT

Niche dans les forêts conifériennes ou mixtes. En hiver, on le retrouve dans divers types de forêts ou d'habitats boisés, ainsi que dans les parcs urbains et près des habitations.

RÉPARTITION

Niche sporadiquement dans le Québec méridional et les Maritimes. Présent toute l'année dans nos régions, mais de façon irrégulière.

📷 PRÉSENCE AUX MANGEOIRES

Bien qu'il soit présent toute l'année lorsqu'il se trouve des mangeoires tout près de là où il niche, le Gros-bec errant fréquente les postes d'alimentation surtout de l'automne au printemps. Abondant une année, il peut très bien être pratiquement absent l'année suivante ou être moins abondant pendant quelques années.

🏠 MANGEOIRES PRÉFÉRÉES

Il est surtout à l'aise dans les plateaux, les abris et les grandes mangeoires à débit contrôlé.

📋 ALIMENTATION

Se nourrit de graines de plantes herbacées, d'arbustes ou d'arbres, notamment de graines de conifères et des samares de l'Érable négondo ; mange aussi des noyaux de fruits. Son régime varie selon les saisons puisqu'en été, les insectes comptent pour une bonne part de son alimentation. C'est un grand amateur de sel, et on l'observe souvent en hiver quand il s'en nourrit sur le bord des routes.

AUX MANGEOIRES

Le tournesol (noir ou rayé) constitue son plat de prédilection. Le Gros-bec errant mange aussi du millet blanc, de l'alpiste, du maïs concassé, du sarrasin, des noix hachées, du colza, des graines de citrouille et des graines mélangées. Il se nourrit aussi parfois de petits fruits sauvages déposés dans les plateaux.

Querelleur et criard, il crée beaucoup d'animation, surtout lorsqu'une bande comptant plusieurs oiseaux se présente à une mangeoire. Arrivés tôt le matin, ils vident souvent la mangeoire avant de quitter les lieux. Il faut voir avec quelle habileté ce bel oiseau coloré décortique les graines de tournesol avec son bec particulièrement bien adapté à ce type d'aliment.

| JANV. | FÉVR. | MARS | AVRIL | MAI | JUIN | JUILL. | AOÛT | SEPT. | OCT. | NOV. | DÉC. |

MOINEAU DOMESTIQUE

Famille des Passéridés

Passer domesticus
House Sparrow

Taille : 15 - 17 cm

IDENTIFICATION

Petit oiseau brun bien connu dans les villes. On reconnaît le mâle en plumage nuptial grâce à son bec noir, le dessus gris de sa tête et sa bavette noire. En automne et en hiver, la bavette est délavée et le bec, pâle. La femelle, plus terne, a la poitrine unie et le sourcil beige. Le juvénile ressemble à la femelle. **Voix :** Une série de *chirps* émis par le mâle.

HABITAT

Oiseau typique des villes et des fermes, on le retrouve avant tout près des habitations, en milieu urbain comme à la campagne. Il profite de la moindre ouverture dans le revêtement des édifices pour y faire son nid, qu'il construit également dans les plantes grimpantes, les nichoirs et les cavités naturelles.

RÉPARTITION

Sédentaire, il niche dans toutes les régions habitées du Québec méridional et des Maritimes.

🐦 PRÉSENCE AUX MANGEOIRES

Présent toute l'année aux mangeoires. Plutôt abondant, surtout en milieu urbain. Dans certains quartiers fortement urbanisés où il y a peu d'espèces d'oiseaux différentes, il s'agit d'un fidèle compagnon qui fréquente assidûment les postes d'alimentation.

🏠 MANGEOIRES PRÉFÉRÉES

S'alimente à tous les types de mangeoires, que ce soit des plateaux, des abris, des mangeoires à débit contrôlé ou des silos. On l'observe aussi au sol où il se nourrit des graines tombées des mangeoires.

🖋 ALIMENTATION

Le moineau se nourrit, au sol, de graines variées et de grains qu'il trouve près des fermes ou dans les bouses et les crottins. Il consomme aussi des insectes, qui comptent pour 50 à 70 % de l'alimentation des oisillons.

AUX MANGEOIRES

Le Moineau domestique préfère les graines mélangées, le millet blanc et le tournesol noir. Il mange aussi du maïs concassé, de l'alpiste, du chardon, de l'orge, de l'avoine et il ne dédaigne pas, à l'occasion, de se nourrir de fruits séchés ou de beurre d'arachide. Bref, il mange un peu de tout, faisant ainsi preuve d'une bonne faculté d'adaptation.

C'est cette faculté qui a permis à cet oiseau originaire d'Europe de s'en tirer relativement bien en Amérique du Nord, où il a été introduit en 1850. L'espèce s'est très bien implantée sur son nouveau continent avant de connaître un déclin vers la fin des années 1960.

JANV.   FÉVR.   MARS   AVRIL   MAI   JUIN   JUILL.   AOÛT   SEPT.   OCT.   NOV.   DÉC.

Pour en savoir plus

Annexe 1

Tableau des préférences alimentaires

	Alpiste	Arachides	Beurre d'arachide	Carthame	Colza	Chardon
Alouette hausse-col						
Becs-croisés						
Bruants	●		●	●	●	●
Cardinal à poitrine rose						
Cardinal rouge	●	●	●	●		
Carouge à épaulettes				●		
Chardonneret jaune	●		●		●	●
Corneille d'Amérique	●	●	●			
Durbec des sapins						
Étourneau sansonnet	●	●	●			
Faisan de Colchide				●		
Geai bleu	●	●	●			
Gélinotte huppée	●					
Grimpereau brun			●			
Gros-bec errant	●				●	
Jaseurs						
Junco ardoisé	●		●		●	●
Merle d'Amérique			●			
Mésanges		●	●			
Mésangeai du Canada			●			
Moineau domestique	●		●			●
Moqueur polyglotte		●	●			
Oriole de Baltimore						
Perdrix grise						
Pics		●	●	●		
Pigeon biset				●	●	●
Quiscale bronzé	●	●	●	●		
Quiscale rouilleux	●					
Roselins	●		●	●	●	●
Sittelles		●	●	●		●
Sizerins	●		●		●	●
Tarin des pins	●	●	●	●	●	●
Tohi à flancs roux	●		●			
Tourterelle triste	●			●	●	●
Troglodyte de Caroline		●	●	●		
Vacher à tête brune	●				●	

● Préférence   ● Choix secondaire

Fruits	Graines mélangées	Maïs	Millet blanc	Noix hachées	Orge, blé avoine	Pains d'oiseaux	Suif	Tournesol
	●	●	●		●			
								●
	●	●	●					●
●	●	●		●			●	●
●	●	●	●	●	●			●
●	●	●	●		●		●	●
	●	●	●	●			●	●
●	●	●	●		●	●	●	●
●								●
●	●	●	●		●		●	●
	●	●	●					●
		●	●	●	●	●	●	●
●		●	●		●			●
		●		●			●	●
●	●	●	●	●				●
●								
	●	●	●	●			●	●
●							●	
				●		●	●	●
●		●					●	
●	●		●		●			●
●	●					●	●	●
●								
	●	●	●		●			
●	●	●		●		●	●	●
	●	●	●		●			●
	●	●	●		●		●	●
	●	●	●		●			●
	●	●	●	●				●
	●		●	●		●	●	●
		●	●	●			●	●
	●	●	●	●			●	●
	●	●	●				●	●
	●	●	●		●			●
●	●	●	●			●	●	●
	●	●	●		●		●	●

Prédateurs emplumés

ÉPERVIER BRUN
Famille des Accipitridés

Accipiter striatus
Sharp-shinned Hawk

Taille : 25 - 36 cm

🔲 IDENTIFICATION

Petit oiseau de proie, gros comme un geai, à longue queue carrée et aux ailes courtes et arrondies. Les adultes, gris-bleu, diffèrent des immatures brunâtres dont le dessous est fortement rayé. Sexes semblables ; les femelles sont toutefois plus grosses que les mâles. Le vol caractéristique fait alterner trois battements d'ailes et un court vol plané. Noter que la tête dépasse beaucoup moins les ailes déployées que chez l'Épervier de Cooper. **Voix :** Un *kek kek kek kek* aigu et répété.

🌾 HABITAT

Niche en forêts de feuillus ou mixtes. Observé près des habitations en hiver.

 **RÉPARTITION**

Niche dans toutes les régions du Québec méridional et des Maritimes. Hiverne en petit nombre dans le sud du Québec et de la Nouvelle-Écosse.

PRÉSENCE AUX MANGEOIRES

Présent surtout en hiver, parfois observé en automne et au printemps. Probablement le prédateur ailé le plus commun ; il n'est pas rare de voir cet oiseau en chasse près des mangeoires. Dans certains cas, l'épervier ne fait que passer, mais il demeure parfois dans le même secteur et visite alors régulièrement un poste d'alimentation pour y chasser.

ALIMENTATION

Se nourrit essentiellement d'oiseaux, surtout de passereaux et de petits limicoles, qui comptent pour près de 95 % de son régime alimentaire ; il mange aussi, à l'occasion, des petits mammifères et des insectes.

AUX MANGEOIRES

L'Épervier brun capture des oiseaux qui fréquentent les postes d'alimentation, notamment des Tourterelles tristes, des Geais bleus, des Étourneaux sansonnets, des Juncos ardoisés, des Tarins des pins, des Roselins familiers, des Moineaux domestiques et plusieurs autres espèces.

Les abords des mangeoires constituent donc de bons terrains de chasse pour cet épervier. En effet, les regroupements d'oiseaux sont d'excellentes occasions de se nourrir, notamment en hiver alors que l'activité est grande aux postes d'alimentation. D'ailleurs, on pense que les mangeoires expliqueraient en partie le fait que l'Épervier brun est maintenant observé plus régulièrement en hiver dans nos régions. Très habile en vol, il poursuit ses proies en faisant preuve d'une grande agilité. Il fait souvent le guet, perché dans un arbre, ou surgit parfois à l'improviste après avoir contourné la maison en s'en servant comme écran.

ÉPERVIER DE COOPER

Famille des Accipitridés

Accipiter cooperii
Cooper's Hawk

Taille : 35 - 51 cm

◼ IDENTIFICATION

À peu près identique à l'Épervier brun, mais en plus gros. Ses couleurs sont les mêmes, mais sa longue queue est légèrement arrondie plutôt que carrée ; noter le dessus de la tête, foncé, qui contraste avec le dos gris bleu de l'adulte. L'immature, brunâtre, a la poitrine marquée de raies brunes. Les sexes ont la même coloration, cependant les femelles sont plus grosses. En vol, l'Épervier de Cooper fait alterner les battements d'ailes avec des planés plus long que ceux de l'Épervier brun. La tête est projetée bien à l'avant des ailes déployées.
Voix : Un *kek kek kek kek* aigu et répété ; rappelle le cri du Pic flamboyant.

◼ HABITAT

Niche dans les forêts méridionales de feuillus ou mixtes, assez denses ; fréquente aussi les bois entourés de terrains ouverts en milieu agricole. Il chasse surtout en forêt.

 **RÉPARTITION**

Niche localement de l'Outaouais à la Beauce, au Québec, où il est considéré comme une espèce « vulnérable », ainsi que localement dans le sud-ouest et le centre-sud du Nouveau-Brunswick. Hiverne parfois dans le sud du Québec. Depuis quelques années, on l'observe à l'occasion en hiver près des mangeoires au Nouveau-Brunswick.

PRÉSENCE AUX MANGEOIRES

Présent surtout en hiver, parfois observé au début du printemps. Beaucoup moins abondant que l'Épervier brun, dont il est très difficile à distinguer. L'Épervier de Cooper visite occasionnellement les postes d'alimentation pour y chasser les oiseaux qui s'y nourrissent, mais sa présence est plutôt rare dans nos régions.

ALIMENTATION

Se nourrit essentiellement d'oiseaux, surtout de passereaux et de petits limicoles, qui comptent pour près de 95 % de son régime alimentaire ; il mange aussi, à l'occasion, des petits mammifères et des insectes.

AUX MANGEOIRES

L'Épervier de Cooper chasse plus fréquemment des oiseaux plus gros que ne le fait l'Épervier brun ; la Tourterelle triste semble être une de ses proies préférées. Il capture aussi des Étourneaux sansonnets, des Juncos ardoisés, des Moineaux domestiques et plusieurs autres espèces.

En hiver, l'Épervier de Cooper fréquente parfois les abords d'un poste d'alimentation pour se nourrir. Dans certains cas, la présence assidue de cet habile chasseur près des mangeoires peut avoir une grande influence sur le nombre d'oiseaux présents. En effet, on a déjà évalué qu'un épervier pouvait capturer une Tourterelle triste à chaque jour. Il consomme parfois sa proie sur place, ne laissant en partant que quelques plumes et les ailes, ou il l'emporte en la tenant dans ses serres pour la manger dans un endroit plus tranquille.

AUTOUR DES PALOMBES

Famille des Accipitridés

Accipiter gentilis
Northern Goshawk

Taille : 51 - 66 cm

IDENTIFICATION

Notre plus gros épervier. Chez l'adulte, le sourcil blanc contraste avec le bandeau noir sur l'œil. Ce sourcil est plus pâle chez l'immature. Comme chez les autres éperviers, les sexes sont semblables, cependant la femelle est plus grosse. En vol, noter le dessous du corps très pâle chez l'adulte ainsi que le puissant battement des ailes. L'alternance de battements d'ailes et de vols planés est moins systématique que chez les deux autres éperviers. L'immature, brunâtre, a le dessous rayé. **Voix :** De courts *kek kek kek* secs et répétés.

HABITAT

Niche en forêt ; on l'observe également dans les clairières ainsi qu'en bordure des forêts quand il chasse.

 **RÉPARTITION**

Habite en permanence dans toutes les régions des Maritimes et du Québec, mais il est plus rare à l'est du Bas-Saint-Laurent.

PRÉSENCE AUX MANGEOIRES

Présent surtout en hiver, mais plutôt rare. En fait, il faut demeurer tout près d'un bois, à proximité de l'endroit où il vit habituellement en permanence, pour espérer l'observer en chasse aux abords d'un poste d'alimentation.

ALIMENTATION

Se nourrit principalement de gélinottes et de lièvres dans le Sud, de lagopèdes et de lemmings dans le Nord.

AUX MANGEOIRES

L'Autour des Palombes chasse généralement des oiseaux plus gros que les autres éperviers observés près des mangeoires, notamment des Tourterelles tristes et des Gélinottes huppées, ainsi que d'autres espèces.

On le voit parfois perché dans un arbre tandis qu'il fait le guet non loin des mangeoires; on peut aussi l'observer quand il survole un poste d'alimentation à la recherche d'une proie, ronde qui crée généralement de l'agitation et de la panique chez les oiseaux. Par ailleurs, bien que les chances d'observer cette espèce près des mangeoires soient plus grandes si on demeure près d'un bois, on peut espérer en voir lorsque les autours qui vivent dans les régions plus nordiques de leur aire descendent vers le sud certaines années, probablement parce que leurs proies deviennent moins nombreuses. L'Autour des Palombes fréquente alors parfois les parcs urbains et les banlieues à la recherche de nourriture.

CRÉCERELLE D'AMÉRIQUE
Famille des Falconidés

Falco sparverius
American Kestrel
Taille : 23 - 31 cm

IDENTIFICATION

Le plus petit faucon du Nord-Est est le plus coloré ; c'est le seul qui porte du roux sur le dos et le dessus de la queue. Le roux couvre également les ailes de la femelle ; celles du mâle sont bleutées. Noter aussi les deux favoris noirs. En vol, on distingue bien la silhouette typique du faucon, ailes pointues et queue longue et étroite. Vole souvent sur place au-dessus d'un champ. **Voix :** Son cri *kili-kili-kili* est fort et ressemble à celui d'une crécelle, ce qui lui a d'ailleurs valu son nom.

HABITAT

Chasse en terrain ouvert autant en période de reproduction qu'en hiver ; elle se perche fréquemment sur les fils électriques.

RÉPARTITION

Niche dans toutes les régions du Québec méridional et des Maritimes ; c'est le faucon dont l'aire de nidification est la plus étendue dans l'est du Canada. Observé quelquefois en hiver dans le sud du Québec et de la Nouvelle-Écosse.

PRÉSENCE AUX MANGEOIRES

Présente en hiver et au début du printemps à son retour dans nos régions. Peu commune, la crécerelle est parfois observée en chasse aux abords d'un poste d'alimentation. Toutefois, ce n'est pas le prédateur le plus fréquent aux mangeoires dans nos régions.

ALIMENTATION

Chasse en milieu ouvert, à l'affût ou en volant sur place au-dessus des champs. Le menu de ce petit faucon est fort varié : petits mammifères (souris et campagnols), petits passereaux et gros insectes (criquets, cigales, libellules et coléoptères). Mange souvent des mammifères et des oiseaux au début de la saison de reproduction, les insectes occupant une plus grande place au menu par la suite.

AUX MANGEOIRES

La Crécerelle d'Amérique capture parfois des petits oiseaux qui fréquentent les postes d'alimentation, notamment des juncos, des bruants, des moineaux ou d'autres espèces qui s'alimentent au sol. Elle se nourrit aussi de petits rongeurs qui visitent les mangeoires.

En hiver, elle est plutôt rare dans nos régions, mais elle peut alors fort bien profiter d'un rassemblement d'oiseaux autour d'une mangeoire pour venir s'y nourrir. Puisqu'elle fréquente les milieux ouverts, elle est plus susceptible d'être vue à un poste d'alimentation situé à la campagne. Au début du printemps, à son retour du Sud, on l'observe parfois tandis qu'elle chasse près d'une mangeoire, surtout lorsque la neige rend la recherche de nourriture plus difficile.

PIE-GRIÈCHE GRISE

Famille des Laniidés

Lanius excubitor
Northern Shrike

Taille : 23 - 28 cm

▲ IDENTIFICATION

Oiseau gris et noir, au bec crochu et au masque noir étroit. Noter le masque qui s'arrête au-dessus du bec et remarquer la zone claire à la base de la mandibule inférieure. La poitrine est marquée de vermiculures, particulièrement nettes chez l'immature. Sexes semblables. **Voix :** Une succession de notes musicales, non liées entre elles. Plus loquace que la Pie-grièche migratrice.

〰 HABITAT

Niche dans la taïga. Dans nos régions en hiver, elle fréquente les milieux ouverts, où on l'observe souvent perchée au sommet d'un arbre, ainsi que les zones habitées.

 **RÉPARTITION**

Niche au Nouveau-Québec et hiverne dans les régions habitées du sud du Québec et dans les Maritimes.

PRÉSENCE AUX MANGEOIRES

Présente en automne, en hiver, ainsi qu'au début du printemps avant son départ pour les régions nordiques. Peu commune et solitaire en hiver, la pie-grièche est parfois observée près des mangeoires, faisant le guet ou chassant les oiseaux.

ALIMENTATION

Passereau aux mœurs d'oiseau de proie, la Pie-grièche grise se nourrit de petits rongeurs, d'oiseaux et de gros insectes qu'elle capture avec son bec puis empale sur des branches, des épines ou des barbelés. La pie-grièche ne possède pas de serres puissantes avec lesquelles elle pourrait saisir ses proies ou les tenir pendant qu'elle les mange. Elle compte sur son bec crochu pour briser la nuque de ses proies.

AUX MANGEOIRES

La Pie-grièche grise se nourrit de petits rongeurs parfois observés, même durant le jour, au pied des mangeoires ou non loin de celles-ci. Elle peut aussi, à l'occasion, manger de petits morceaux de suif de bœuf empalés sur des broches.

Elle profite parfois des attroupements d'oiseaux aux postes d'alimentation pour venir y chasser, tentant ainsi de saisir l'occasion de s'offrir un repas.

Espèces regroupées selon leur statut*

Au Québec et dans les Maritimes, une soixantaine d'espèces d'oiseaux fréquentent régulièrement les mangeoires installées près des habitations. Bien que la régularité avec laquelle on observe ces oiseaux fluctue grandement selon les espèces, il n'en demeure pas moins que la diversité est grande et qu'il est possible d'attirer beaucoup d'oiseaux près des maisons, selon les saisons. Pour y voir plus clair, il est intéressant de regrouper les espèces par catégories selon leur statut.

Les nicheurs sédentaires

On regroupe dans une première catégorie les oiseaux qui vivent dans le même secteur durant toute l'année. Ces *nicheurs sédentaires* sont des oiseaux qui n'effectuent pas de véritables migrations, bien qu'on note parfois des déplacements sur quelques kilomètres, déplacements effectués habituellement par les jeunes après la saison de nidification.

- Perdrix grise
- Faisan de Colchide
- Gélinotte huppée
- Pigeon biset
- Grand Pic
- Mésange bicolore
- Sittelle à poitrine blanche
- Cardinal rouge
- Moineau domestique

Les nicheurs résidants

Les *nicheurs résidants* sont eux aussi des oiseaux qui demeurent dans nos régions toute l'année, mais chez qui on note des fluctuations selon les hivers. En effet, les effectifs peuvent varier beaucoup d'une année à l'autre, car on observe des mouvements migratoires chez ces espèces. Ces déplacements annuels, irréguliers ou cycliques, sont entrepris surtout par des jeunes et des femelles, et ils sont souvent liés à la disponibilité de leurs aliments naturels.

- Pic mineur
- Pic chevelu
- Mésangeai du Canada
- Geai bleu
- Mésange à tête noire
- Mésange à tête brune
- Sittelle à poitrine rousse
- Durbec des sapins
- Bec-croisé des sapins
- Bec-croisé bifascié
- Tarin des pins
- Gros-bec errant

Les nicheurs migrateurs

La catégorie des *nicheurs migrateurs* regroupe les espèces qui arrivent dans nos régions au printemps, qui nichent et s'en vont avant la venue de l'hiver, car la grande majorité de leurs effectifs hiverne au sud de nos frontières. Plusieurs de ces oiseaux, notamment les «oiseaux noirs» (carouges, quiscales, vachers), les bruants et les juncos visitent les mangeoires au printemps et en automne, lors des migrations. D'autres sont surtout observés en automne et parfois tard en décembre. Dans certains cas, une très petite partie de

---

* Terme utilisé par les ornithologues pour classer les espèces selon leur présence au cours de l'année.

la population réussit à hiverner dans nos régions, de façon plus ou moins régulière selon les espèces.

Certaines espèces hivernent régulièrement, en nombre variable:
- Tourterelle triste
- Corneille d'Amérique
- Étourneau sansonnet
- Roselin familier
- Chardonneret jaune

D'autres espèces sont plus rares:
- Pic flamboyant
- Alouette hausse-col
- Grimpereau brun
- Merle d'Amérique
- Bruant chanteur
- Bruant à gorge blanche
- Junco ardoisé
- Carouge à épaulettes
- Quiscale bronzé
- Vacher à tête brune
- Roselin pourpré

Gros-bec errant ♂

D'autres sont inusitées en hiver:
- Moqueur polyglotte
- Jaseur d'Amérique
- Tohi à flancs roux
- Bruant familier
- Bruant fauve
- Bruant à couronne blanche
- Quiscale rouilleux

D'autres encore sont vraiment exceptionnelles en hiver:
- Pic à tête rouge
- Cardinal à poitrine rose

Et, finalement, certaines ne sont habituellement pas observées en hiver:
- Colibri à gorge rubis
- Passerin indigo
- Oriole de Baltimore

Les visiteurs hivernants

D'autres espèces nichent dans les régions arctiques et boréales et, à chaque hiver, descendent séjourner dans nos régions où on les observe généralement de la fin octobre à la fin avril.

- Bruant hudsonien
- Bruant des neiges
- Sizerin flammé
- Sizerin blanchâtre
- Jaseur boréal

Les visiteurs du Sud

D'autres oiseaux nous arrivent du Sud et visitent nos mangeoires à l'occasion. À une certaine époque, il n'y a pas si longtemps, le Roselin familier et la Mésange bicolore étaient avant tout considérés comme des visiteurs du Sud. Dans nos régions, le Troglodyte de Caroline est plutôt un visiteur, bien qu'il ait déjà niché ici, de façon très ponctuelle.

- Pic à ventre roux
- Troglodyte de Caroline

Les prédateurs emplumés

Il s'agit d'un groupe d'oiseaux très particulier, puisqu'ils fréquentent les postes d'alimentation pour y chasser les oiseaux qui s'y nourrissent.

- Épervier brun
- Épervier de Cooper
- Autour des palombes
- Crécerelle d'Amérique
- Pie-grièche grise

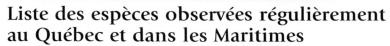

Liste des espèces observées régulièrement au Québec et dans les Maritimes

ANATIDÉS
Oie rieuse
Oie des neiges
Oie de Ross
Bernache du Canada
Bernache cravant
Cygne tuberculé
Cygne siffleur
Canard branchu
Canard chipeau
Canard siffleur
Canard d'Amérique
Canard noir
Canard colvert
Sarcelle à ailes bleues
Canard souchet
Canard pilet
Sarcelle d'hiver
Fuligule à dos blanc
Fuligule à tête rouge
Fuligule à collier
Fuligule milouinan
Petit Fuligule
Eider à tête grise
Eider à duvet
Arlequin plongeur
Macreuse à front blanc
Macreuse brune
Macreuse noire
Harelde kakawi
Petit Garrot
Garrot à oeil d'or
Garrot d'Islande
Harle couronné
Grand Harle
Harle huppé
Érismature rousse

PHASIANIDÉS
Perdrix grise
Faisan de Colchide
Gélinotte huppée
Tétras du Canada
Lagopède des saules
Tétras à queue fine
Dindon sauvage

GAVIIDÉS
Plongeon catmarin
Plongeon du Pacifique
Plongeon huard

PODICIPÉDIDÉS
Grèbe à bec bigarré
Grèbe esclavon
Grèbe jougris

PROCELLARIIDÉS
Fulmar boréal
Puffin cendré
Puffin majeur
Puffin fuligineux
Puffin des Anglais

HYDROBATIDÉS
Océanite de Wilson
Océanite cul-blanc

SULIDÉS
Fou de Bassan

PHALACROCORACIDÉS
Cormoran à aigrettes
Grand Cormoran

ARDÉIDÉS
Butor d'Amérique
Petit Blongios
Grand Héron
Grande Aigrette
Aigrette neigeuse
Aigrette bleue

Aigrette tricolore
Héron garde-boeufs
Héron vert
Bihoreau gris

THRESKIORNITHIDÉS
Ibis falcinelle

CATHARTIDÉS
Urubu à tête rouge

ACCIPITRIDÉS
Balbuzard pêcheur
Pygargue à tête blanche
Busard Saint-Martin
Épervier brun
Épervier de Cooper
Autour des palombes
Buse à épaulettes
Petite Buse
Buse à queue rousse
Buse pattue
Aigle royal

FALCONIDÉS
Crécerelle d'Amérique
Faucon émerillon
Faucon gerfaut
Faucon pèlerin

RALLIDÉS
Râle jaune
Râle de Virginie
Marouette de Caroline
Gallinule poule-d'eau
Foulque d'Amérique

GRUIDÉS
Grue du Canada

CHARADRIIDÉS
Pluvier argenté
Pluvier bronzé
Pluvier semipalmé

Pluvier siffleur
Pluvier kildir

SCOLOPACIDÉS
Grand Chevalier
Petit Chevalier
Chevalier solitaire
Chevalier semipalmé
Chevalier grivelé
Maubèche des champs
Courlis corlieu
Barge hudsonienne
Barge marbrée
Tournepierre à collier
Bécasseau maubèche
Bécasseau sanderling
Bécasseau semipalmé
Bécasseau d'Alaska
Bécasseau minuscule
Bécasseau à croupion blanc
Bécasseau de Baird
Bécasseau à poitrine cendrée
Bécasseau violet
Bécasseau variable
Bécasseau à échasses
Bécasseau roussâtre
Combattant varié
Bécassin roux
Bécassin à long bec
Bécassine de Wilson
Bécasse d'Amérique
Phalarope de Wilson
Phalarope à bec étroit
Phalarope à bec large

LARIDÉS
Labbe pomarin
Labbe parasite
Labbe à longue queue
Mouette atricille
Mouette de Franklin
Mouette pygmée

Mouette rieuse
Mouette de Bonaparte
Goéland à bec cerclé
Goéland argenté
Goéland arctique
Goéland brun
Goéland bourgmestre
Goéland marin
Mouette de Sabine
Mouette tridactyle
Mouette blanche
Sterne caspienne
Sterne de Dougall
Sterne pierregarin
Sterne arctique
Guifette noire

ALCIDÉS
Mergule nain
Guillemot marmette
Guillemot de Brünnich
Petit Pingouin
Guillemot à miroir
Macareux moine

COLUMBIDÉS
Pigeon biset
Tourterelle triste

CUCULIDÉS
Coulicou à bec noir
Coulicou à bec jaune

STRIGIDÉS
Petit-duc maculé
Grand-duc d'Amérique
Harfang des neiges
Chouette épervière
Chouette rayée
Chouette lapone
Hibou moyen-duc
Hibou des marais
Nyctale de Tengmalm

Petite Nyctale

CAPRIMULGIDÉS
Engoulevent d'Amérique
Engoulevent bois-pourri

APODIDÉS
Martinet ramoneur

TROCHILIDÉS
Colibri à gorge rubis

ALCÉDINIDÉS
Martin-pêcheur d'Amérique

PICIDÉS
Pic à tête rouge
Pic à ventre roux
Pic maculé
Pic mineur
Pic chevelu
Pic à dos rayé
Pic à dos noir
Pic flamboyant
Grand Pic

TYRANNIDÉS
Moucherolle à côtés olive
Pioui de l'Est
Moucherolle à ventre jaune
Moucherolle des aulnes
Moucherolle des saules
Moucherolle tchébec
Moucherolle phébi
Tyran huppé
Tyran tritri

LANIIDÉS
Pie-grièche grise
Pie-grièche migratrice

VIRÉONIDÉS
Viréo à gorge jaune
Viréo à tête bleue
Viréo mélodieux

Viréo de Philadelphie
Viréo aux yeux rouges

CORVIDÉS
Mésangeai du Canada
Geai bleu
Corneille d'Amérique
Grand Corbeau

ALAUDIDÉS
Alouette hausse-col

HIRUNDINIDÉS
Hirondelle noire
Hirondelle bicolore
Hirondelle à ailes hérissées
Hirondelle de rivage
Hirondelle à front blanc
Hirondelle rustique

PARIDÉS
Mésange à tête noire
Mésange à tête brune
Mésange bicolore

SITTIDÉS
Sittelle à poitrine rousse
Sittelle à poitrine blanche

CERTHIIDÉS
Grimpereau brun

TROGLODYTIDÉS
Troglodyte de Caroline
Troglodyte familier
Troglodyte mignon
Troglodyte à bec court
Troglodyte des marais

RÉGULIDÉS
Roitelet à couronne dorée
Roitelet à couronne rubis

SYLVIIDÉS
Gobemoucheron gris-bleu

TURDIDÉS
Traquet motteux
Merlebleu de l'Est
Grive fauve
Grive à joues grises
Grive de Bicknell
Grive à dos olive
Grive solitaire
Grive des bois
Merle d'Amérique

MIMIDÉS
Moqueur chat
Moqueur polyglotte
Moqueur roux

STURNIDÉS
Étourneau sansonnet

MOTACILLIDÉS
Pipit d'Amérique

BOMBYCILLIDÉS
Jaseur boréal
Jaseur d'Amérique

PARULIDÉS
Paruline à ailes bleues
Paruline à ailes dorées
Paruline obscure
Paruline verdâtre
Paruline à joues grises
Paruline à collier
Paruline jaune
Paruline à flancs marron
Paruline à tête cendrée
Paruline tigrée
Paruline bleue
Paruline à croupion jaune
Paruline à gorge noire
Paruline à gorge orangée
Paruline des pins
Paruline à couronne rousse

Paruline à poitrine baie
Paruline rayée
Paruline azurée
Paruline noir et blanc
Paruline flamboyante
Paruline couronnée
Paruline des ruisseaux
Paruline hochequeue
Paruline à gorge grise
Paruline triste
Paruline masquée
Paruline à calotte noire
Paruline du Canada
Paruline polyglotte

THRAUPIDÉS
Tangara écarlate

EMBÉRIZIDÉS
Tohi à flancs roux
Bruant hudsonien
Bruant familier
Bruant des plaines
Bruant des champs
Bruant vespéral
Bruant des prés
Bruant sauterelle
Bruant de Henslow
Bruant de Le Conte
Bruant de Nelson
Bruant fauve
Bruant chanteur
Bruant de Lincoln
Bruant des marais
Bruant à gorge blanche
Bruant à couronne blanche
Junco ardoisé
Bruant lapon
Bruant des neiges

CARDINALIDÉS
Cardinal rouge

Cardinal à poitrine rose
Passerin indigo
Dickcissel d'Amérique

ICTÉRIDÉS
Goglu des prés
Carouge à épaulettes
Sturnelle des prés
Carouge à tête jaune
Quiscale rouilleux
Quiscale bronzé
Vacher à tête brune
Oriole des vergers
Oriole de Baltimore

FRINGILLIDÉS
Durbec des sapins
Roselin pourpré
Roselin familier
Bec-croisé des sapins
Bec-croisé bifascié
Sizerin flammé
Sizerin blanchâtre
Tarin des pins
Chardonneret jaune
Gros-bec errant

PASSÉRIDÉS
Moineau domestique

Références utiles

OUVRAGES GÉNÉRAUX

CHRISTIE, DAVID et al. *Oiseaux du Nouveau-Brunswick: une liste commentée.* Saint-John: Musée du Nouveau-Brunswick, 2004. 93 p.

CYR, ANDRÉ ET JACQUES LARIVÉE. *Atlas saisonnier des oiseaux du Québec.* Sherbrooke: Presses de l'Université de Sherbrooke et Société de loisir ornithologique de l'Estrie, 1995. 711 p.

DAVID, NORMAND. *Liste commentée des oiseaux du Québec.* Montréal: Association québécoise des groupes d'ornithologues, 1996. 169 p.

ERSKINE, ANTHONY J. *Atlas of breeding birds of the Maritime Provinces.* Halifax: Nimbus Publishing Limited, Nova Scotia Museum, 1992. 270 p.

GAUTHIER, JEAN et YVES AUBRY (sous la direction de). *Les oiseaux nicheurs du Québec: Atlas des oiseaux nicheurs du Québec méridional.* Montréal: Association québécoise des groupes d'ornithologues, Société québécoise de protection des oiseaux, Service canadien de la faune, Environnement Canada, région du Québec, 1995. 1 295 p.

GUIDES D'IDENTIFICATION

NATIONAL GEOGRAPHIC SOCIETY. *Guide d'identification des oiseaux de l'Amérique du Nord.* 3e éd. Saint-Constant: Broquet, 2002. 480 p.

PAQUIN, JEAN (textes) et GHISLAIN CARON (illustrations). *Guide d'identification des oiseaux du Québec et des Maritimes.* Waterloo: Éditons Michel Quintin, 2004. 224 p. (CD audio de chants d'oiseaux inclus)

PAQUIN, JEAN. *Guide photo des oiseaux du Québec et des Maritimes.* Waterloo: Éditons Michel Quintin, 2003. 480 p.

PAQUIN, JEAN (textes) et GHISLAIN CARON (illustrations). *Oiseaux du Québec et des Maritimes.* Waterloo: Éditions Michel Quintin, 1998. 390 p.

SIBLEY, DAVID ALLEN. *Le guide Sibley des oiseaux de l'est de l'Amérique du Nord.* (traduction de Normand David). Waterloo: Éditons Michel Quintin, 2006. 434 p.

STOKES, DONALD W. et LILIAN Q. *Guide des oiseaux de l'est de l'Amérique du Nord.* L'Acadie: Broquet, 1997. 471 p.

ALIMENTATION DES OISEAUX

Barker, Margaret A. et Jack Griggs. *The FeederWatcher's guide to bird feeding.* New York: HarperCollins, 2000. 135 p.

David, Normand et Gaétan Duquette. *Comment nourrir les oiseaux autour de chez soi.* Sillery: Québec Science Éditeur, Presses de l'Université du Québec, 1984. 72 p.

Dunn, Erica H. et Diane L. Tessaglia-Hymes. *Birds at your feeder: a guide to feeding habits, behavior, distribution, and abundance.* New York: W.W. Norton & Company, 1999. 418 p.

Faucher, Denis *et al. Attirer les oiseaux au jardin.* Québec: Spécialités Terre à Terre inc., s.d. 3 v.

Lane, Peter. *L'alimentation des oiseaux.* LaPrairie: Broquet, 1987. 182 p.

Roth, Sally. *The backyard bird feeder's bible: the A-to-Z guide to feeders, seed mixes, projects and treats.* Emmaus: Rodale inc., 2000. 368 p.

JARDINS D'OISEAUX

Dion, André. *Les jardins d'oiseaux.* Recherche photographique: André Cyr. Beauceville: Brimar et Québec Agenda, 1988. 191 p.

Grèbe inc. *Faites la cour aux oiseaux.* Sainte-Foy: Fondation de la faune du Québec, 1998-2001. 4 v.

Pellerin, Gervais (sous la direction de). *Répertoire des arbres et arbustes ornementaux.* 3e éd. Montréal: Hydro-Québec, 2006. 547 p.

SITES INTERNET

Pour obtenir des exemplaires de la brochure *Faites la cour aux oiseaux* publiée par la Fondation de la faune du Québec, voir l'adresse suivante: **www.fondationdelafaune.qc.ca/initiatives/guides_pratiques/20**

Projet FeederWatch Canada. Il s'agit d'un recensement hivernal des oiseaux aux mangeoires qui regroupe des participants à travers le Canada et les États-Unis. Le Projet FeederWatch est un programme conjoint d'Études d'Oiseaux Canada, de la Fédération canadienne de la nature, du Laboratoire d'ornithologie de Cornell et de la Société nationale Audubon **www.bsc-eoc.org/national/pfwfr.html**

Index

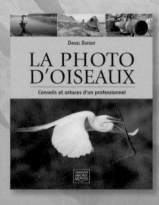

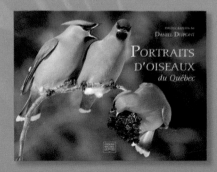